*Collection dirigée par le professeur Roger Brunet,
assisté de Suzanne Agnely et Henri Serres-Cousiné.*

© 1977. Librairie Larousse. Dépôt légal 1977-1er — N° de série Éditeur 7784.
Imprimé en France par l'imprimerie Jean Didier (Printed in France).
*Librairie Larousse (Canada) limitée, propriétaire pour le Canada
des droits d'auteur et des marques de commerce Larousse.
Distributeur exclusif pour le Canada : les Éditions françaises Inc.,
licencié quant aux droits d'auteur et usager inscrit des marques pour le Canada.*

Iconographie : tous droits réservés à A. D. A. G. P. et S. P. A. D. E. M.
pour les œuvres artistiques de leurs adhérents, 1977.
ISBN 2-03-013917-3

beautés de la France

L'Auvergne & Le Limousin

Librairie Larousse
17, rue du Montparnasse, 75006 Paris.

Sommaire

Dans chaque chapitre figure une carte originale de Roger Brunet.
Les numéros entre parenthèses renvoient aux folios placés en bas de page avec les titres abrégés des chapitres
(1. L'Auvergne des volcans — 2. Gorges de la Dordogne — 3. Châteaux d'Auvergne — 4. Églises d'Auvergne).

1. Au pays des feux éteints, l'Auvergne des volcans

L'Auvergne des puys (12)
 avec le puy de Dôme (12-13)
 ou le puy Pariou (14)
 les cheires et les serres, et Gergovie (14-15)
 les lacs (15)
Les monts Dôme (15-16)
Le pays des couzes et des lacs, avec Murol, Saint-Nectaire,
 Besse-en-Chandesse et le Pavin (16-17)
Le massif du Cantal (17-19)

Textes en haut de page

Le parc des volcans d'Auvergne (13)
Salers (14)
Les traditions auvergnates (15-16)
L'Artense (16)
Le Cézallier (16)
L'Aubrac (16-17)
Les monts du Velay (17)
Les sources thermales d'Auvergne (17-19)
Les fromages d'Auvergne (20)
rédigé par Annie Perrier-Robert

Le reportage photographique a été réalisé par
Bernard Desjeux - C. D. Tétrel,
à l'exception des photos
pp. 2-3 (haut), 17 (haut, à droite), Desjardins-Top;
p. 2 (bas), Berthoule-Explorer;
pp. 5 (haut), 12, Veiller-Explorer;
p. 7, Bonnecarrère-Cedri;
p. 15 (haut), Paillard-Explorer;
p. 18 (haut), Hervy-Explorer.

2. Les gorges de la Dordogne et le Limousin

Les gorges de la Dordogne (12-16)
 avec Bort-les-Orgues (12-13)
 Val (13)
 Marèges (14)
 Ventadour (14)
 l'Aigle et le Chastang (14-15)
 Argentat, les tours de Merle et la roche de Vic (15-16);
Beaulieu, Collonges, Turenne et Brive (16-17)
La haute vallée de la Corrèze (18)
La montagne limousine (18)
Rivières et sites du haut Limousin (18-19)

Textes en haut de page

Les gorges de la Sioule (13)
Les gorges de la Truyère (13-14)
Préhistoire en bas Limousin (14)
Le Transcorrézien (14-15)
Noix, châtaignes, cèpes et truites (16-17)
Tourisme en Limousin (18)
Les haras de Pompadour (18-19)
rédigé par Christian Plume

Le reportage photographique a été réalisé par
Jean-Yves Derrien,
à l'exception des photos
pp. 10-11, Arcis-Rapho;
pp. 18, 19 (haut), Rives-Cedri;
p. 19 (bas), P. Tétrel.

Notre couverture :

Établi sur l'une des hauteurs volcaniques de la Comté, Busséol a été relevé de ses ruines.

Phot. Jean-Jacques Arcis-Rapho.

3. Sur les traces de l'Auvergne féodale, les châteaux-forteresses

Tournoël (12-13)
Chazeron (14)
Jozerand et Châteaugay (14)
Pontgibaud (14)
Riom (14-15)
Châteaux des Dore et du Cantal (15-18),
  avec Val et Auzers (15)
  Apchon, Murat, Alleuze, Murol (16)
  Anjony (16-17)
  Messilhac (17-18)
  et Carlat (18)
Châteaux de Limagne (18-19),
  avec Usson (18)
  et Ravel (19)
Châteaux du Velay (19-20),
  avec La Rochelambert et Lavoûte (20)

Textes en haut de page

Les châteaux de la Sioule avec Rochefort (13-14)
Pesteils (14-15)
Les châteaux Renaissance (15-17),
  avec Chanterelle et Villeneuve-Lembron (15)
  Effiat et Lapalisse (16)
  Parentignat (17)
Cordès et « le Démon de midi » (17-18)
Gannat, Aigueperse et La Roche (18-19)
La table auvergnate (20)
rédigé par Michel Laclos

Le reportage photographique a été réalisé par
Jean-Jacques Arcis - Rapho,
à l'exception des photos
p. 15 (haut), d'Hugues-Top;
p. 17 (haut), Ehrmann-Top.

4. Sanctuaires d'Auvergne et du Velay

L'art roman auvergnat (12)
Clermont-Ferrand et Notre-Dame-du-Port (13-14)
Mozac, Marsat et Ennezat (14)
Orcival et Saint-Nectaire (14)
Saint-Saturnin et Issoire (15)
Églises de haute Auvergne (15-16)
Le Puy (16-20)
Églises autour du Puy-en-Velay (20)

Textes en haut de page

Le Bourbonnais roman (13-16)
  avec Ébreuil (13)
  Châtel-Montagne (14)
  et Souvigny (15-16)
D'autres petites églises d'Auvergne (16-17)
La Chaise-Dieu (17-19)
Saint-Julien de Brioude (19-20)
Le Maître de Moulins (20)
rédigé par Pierre Gallerey

Le reportage photographique a été réalisé par
Michel Desjardins - Top,
à l'exception des photos
p. 15 (haut), J. Bottin,
p. 16 (haut), Top.

Index

Les lettres placées devant l'indication des pages renvoient aux chapitres suivants :

VOL (Au pays des feux éteints, l'Auvergne des volcans)
GD (Les gorges de la Dordogne et le Limousin)
CHA (Sur les traces de l'Auvergne féodale, les châteaux-forteresses de l'Auvergne)
EGA (Sanctuaires d'Auvergne et du Velay)

Les pages sont indiquées en **gras** lorsqu'il s'agit d'une illustration, en *italique* pour le renvoi à la carte.

AIGLE (barrage de l'), comm. de Soursac [Corrèze], GD 14, **14**, *20*.
AIGUEPERSE [Puy-de-Dôme], CHA 18, *20*.
AIGUILHE [Haute-Loire], EGA **16**, **17**.
AJUSTANTS (vallée des) [Corrèze], GD 14, *20*.
ALAGNON (vallée de l'), VOL 19, *20*.
ALLÈGRE [Haute-Loire], CHA 20, *20*.
ALLEUZE [Cantal], CHA **1**, 12, 16, *20*. GD 14, *20*.
AMPOIX (lac d'), comm. d'Aurières [Puy-de-Dôme], VOL 15.
ANDELAT [Cantal], EGA 17.
ANGLARDS-DE-SALERS [Cantal], EGA 16, *20*.
ANGLARS (château d'), comm. de Sainte-Marie-la-Panouze [Corrèze], GD 14.
ANJONY (château d'), comm. de Tournemire [Cantal], CHA 16, **16**, **17**, 17, *20*. VOL **10**, **11**, *20*.
APCHON [Cantal], CHA 16, *20*.
ARGENTAT [Corrèze], GD **1**, 15, **15**, *20*.
ARLANC [Puy-de-Dôme], EGA 16, *20*.
ARLEMPDES [Haute-Loire], CHA **2**, **3**, 20, *20*.
ARTENSE (plateau d') [Puy-de-Dôme], VOL 16, *20*.
ARTONNE [Puy-de-Dôme], EGA 16.
AUBAZINE [Corrèze], GD 18, *20*.
AUBRAC [Cantal], VOL 15, 16, 19, *20*.
AUMÔNE (puy de l'), comm. d'Orcines [Puy-de-Dôme], VOL 14.
AURILLAC [Cantal], EGA 16, *20*. VOL 18, **19**, *20*.
AUTRY-ISSARDS [Allier], EGA 15, *20*.
AUVERGNE (parc naturel régional des volcans d') [Puy-de-Dôme et Cantal], VOL 13, *20*.
AUZERS [Cantal], CHA **9**, 15, *20*.
AUZON (cours d'eau), VOL 14.
AVÈZE (gorges d') [Puy-de-Dôme], GD 12, *20*.
AYDAT [Puy-de-Dôme], VOL 15, *20*.
BANNE D'ORDANCHE, comm. de Murat-le-Quaire [Puy-de-Dôme], VOL 16, *20*.
BARBERIER [Allier], EGA 14.
BARGE (château de La), comm. de Courpière [Puy-de-Dôme], CHA **18**, *20*.
BASTIE-D'URFÉ (La), comm. de Saint-Étienne-le-Molard [Loire], CHA 20.
BATISSE (château de la), comm. de Chanonat [Puy-de-Dôme], CHA **4**, **5**, *20*.
BEAULIEU-SUR-DORDOGNE [Corrèze], GD 14, 16, 17, *20*.
BEAUNIT (lac de), comm. de Charbonnières-les-Varennes [Puy-de-Dôme], VOL 15.
BERT [Allier], EGA 14.
BESSE-EN-CHANDESSE [Puy-de-Dôme], EGA 17, *20*. VOL **16**, 17, *20*.
BESSERVE (barrage de), comm. de Saint-Laurent-Besserve [Puy-de-Dôme], GD 13.
BILLOM [Puy-de-Dôme], EGA 16, *20*.
BORT (lac de), comm. de Bort-les-Orgues [Corrèze], GD **10**, **11**, 12, **12**, 15.
BORT-LES-ORGUES [Corrèze], GD **4**, **5**, 13, 13, *20*.
BOURBON-L'ARCHAMBAULT [Allier], EGA 15, *20*.
BOURBONNAIS [Allier], EGA 13, *20*.
BOURBOULE (La) [Puy-de-Dôme], VOL 18, *20*.
BOURDOUZE (lac de), comm. de Saint-Anastaise [Puy-de-Dôme], VOL 17, *20*.
BRACH (étang de), comm. de Saint-Priest-de-Gimel [Corrèze], GD 18, *20*.
BRAGEAC [Cantal], EGA **12**, 16, *20*.
BREDONS, comm. d'Albepierre-Bredons [Cantal], EGA 16, *20*.
BRIOUDE [Haute-Loire], EGA 19, **19**, 20, *20*.
BRIVE-LA-GAILLARDE [Corrèze], GD 17, *20*.
BURON (château de), comm. d'Yronde-et-Buron [Puy-de-Dôme], CHA 19, *20*.
BUSSÉOL [Puy-de-Dôme], CHA **10**, **11**, 19, *20*.

BUXIÈRES-LES-MINES [Allier], EGA 15.
CADÈNE (barrage de la), comm. de Brommat [Aveyron], GD 14, *20*.
CAMBEYRAC, comm. d'Entraygues-sur-Truyère [Aveyron], GD 14, *20*.
CANTAL (massif du) [Cantal], VOL 12, 16, **16**, 17, 18, 19, *20*.
CANTAL (Plomb du) [Cantal], VOL 12, 17, 18, *20*.
CARLAT [Cantal], CHA 18.
CASSIÈRE (lac de la), comm. d'Aydat [Puy-de-Dôme], VOL 15, *20*.
CÈRE (cours d'eau et vallée de la), CHA 14, *20*. GD 12, *20*. VOL 18, *20*.
CÉZALLIER (plateau du), VOL 12, 15, 16, *20*.
CHAISE-DIEU (La) [Haute-Loire], EGA **10**, **11**, 12, 17, 18, **18**, 19, **19**, *20*.
CHALINARGUES [Cantal], EGA 15.
CHALUSSET (château de), comm. de Saint-Jean-Ligoure [Haute-Vienne], GD 19.
CHAMALIÈRES [Puy-de-Dôme], EGA 14, *20*. VOL 14, *20*.
CHAMALIÈRES-SUR-LOIRE [Haute-Loire], EGA 20, *20*.
CHAMBON (lac), comm. de Chambon-sur-Lac [Puy-de-Dôme], VOL 16, *20*.
CHAMPAGNAC-LES-MINES [Cantal], EGA 16.
CHANTERELLE (château de), comm. de Saint-Vincent [Cantal], CHA 15, *20*.
CHANTEUGES [Haute-Loire], EGA 20, *20*.
CHANTURGUE (puy de), comm. de Clermont-Ferrand [Puy-de-Dôme], VOL 15, *20*.
CHASTANG (Le) [Corrèze], GD 14, *20*.
CHASTEL-SUR-MURAT [Cantal], EGA 15.
CHÂTEAUGAY [Puy-de-Dôme], CHA **6**, **7**, 14, *20*. VOL 15, *20*.
CHÂTEAUNEUF-LES-BAINS [Puy-de-Dôme], CHA 13, *20*. GD 13.
CHÂTEAU-ROCHER, comm. de Saint-Rémy-de-Blot [Puy-de-Dôme], CHA 13, **13**, *20*.
CHÂTEL-DE-NEUVRE [Allier], EGA 14, *20*.
CHÂTELGUYON [Puy-de-Dôme], VOL 18.
CHÂTEL-MONTAGNE [Allier], EGA 14, **14**, *20*.
CHAUDEFOUR (vallée de), comm. de Chambon-sur-Lac [Puy-de-Dôme], VOL **5**, 16.
CHAUDES-AIGUES [Cantal], VOL 19.
CHAURIAT [Puy-de-Dôme], EGA 16, **16**, *20*.
CHAUSSE (cirque du) [Puy-de-Dôme], VOL **5**.
CHAUVET (lac), comm. de Picherande [Puy-de-Dôme], VOL 17, *20*.
CHAZERON (château de), comm. de Loubeyrat [Puy-de-Dôme], CHA 14, **15**, *20*.
CHEYLADE [Cantal], VOL 19.
CHEYLADE (vallée de) [Cantal], VOL 19, *20*.
CHOPINE (puy), comm. de Saint-Ours [Puy-de-Dôme], VOL 14, *20*.
CHOUVIGNY [Allier], GD **13**.
CHOUVIGNY (gorges de) [Allier], GD 13.
CLAVIÈRES (château de), comm. de Polminhac [Cantal], CHA 14.
CLERMONT-FERRAND [Puy-de-Dôme], EGA **6**, **7**, 12, 13, *20*. VOL **6**, *20*.
CLIERZOU (puy de), comm. d'Orcines [Puy-de-Dôme], VOL 14.
COGNAT-LYONNE [Allier], EGA 14.
COLLONGES-LA-ROUGE [Corrèze], GD **8**, **9**, 17, *20*.
CÔME (puy de), comm. de Ceyssat [Puy-de-Dôme], VOL **2**, **3**, 14, **14**, *20*.
CORDÈS (château de), comm. d'Orcival [Puy-de-Dôme], CHA 17, **17**, 18, *20*. VOL 16, *20*.
CORRÈZE (cours d'eau), GD 18, *20*.
COUESQUE (barrage de), comm. de Saint-Hippolyte [Aveyron], GD 14, *20*.
COUFFOUR (château de), comm. de Chaudes-Aigues [Cantal], CHA **4**, *20*.

COURGOUL (gorges de) [Puy-de-Dôme], VOL 17.
COUZAN (château de), comm. de Sail-sous-Couzan [Loire], CHA 20.
CREST (Le) [Puy-de-Dôme], CHA 19. VOL 15, *20*.
CREUSE (cours d'eau), GD 18, *20*.
CROZANT [Creuse], GD 19.
DEVÈS [Haute-Loire], VOL 17, *20*.
DIÈGE (cours d'eau), GD 12, 14, *20*.
DÔME (monts) [Puy-de-Dôme], VOL 12, 15, *20*.
DÔME (puy de), comm. d'Orcines [Puy-de-Dôme], VOL 12, 13, **14**, 15, *20*.
DOMEYRAT [Haute-Loire], CHA 20, *20*.
DORDOGNE (cours d'eau et gorges de la), GD **1**, **5**, 12, 13, 14, 15, **15**, 16, *20*. VOL 15, 16, *20*.
DORE (monts) [Puy-de-Dôme], VOL 12, 15, *20*.
DOUSTRE (cours d'eau), GD 12, 14, 15, *20*.
ÉBREUIL [Allier], EGA 13, **13**, *20*.
EFFIAT [Puy-de-Dôme], CHA **15**, 16, *20*.
ÉGLETONS [Corrèze], GD 18, *20*.
ÉGUZON [Indre], GD 18.
ENCHANET, comm. de Pleaux [Cantal], GD 16, *20*.
ENNEZAT [Puy-de-Dôme], EGA 13, 14, *20*.
ENVAL [Puy-de-Dôme], VOL *20*.
ESMONT (château d'), comm. de Polminhac [Cantal], CHA 14.
ESPALY-SAINT-MARCEL [Haute-Loire], EGA *20*.
ESPINASSE (lac d'), comm. de Saulzet-le-Froid [Puy-de-Dôme], VOL 15.
FADES (viaduc des), comm. des Ancizes-Comps [Puy-de-Dôme], GD 13, *20*.
FAGE (abîme de la), comm. de Noailles [Corrèze], GD 17.
FALGOUX (vallée du) [Cantal], VOL 18, *20*.
FOREZ (monts du), VOL 13.
GANNAT [Allier], CHA 18, *20*. EGA 13, *20*.
GARABIT (viaduc de), comm. de Loubaresse [Cantal], GD 14, *20*.
GERBIER-DE-JONC (mont), comm. de Saint-Martial [Ardèche], VOL 17.
GERGOVIE (plateau de), comm. de La Roche-Blanche [Puy-de-Dôme], VOL 15, *20*.
GIBANEL (château de), comm. de Saint-Martial-Entraygues [Corrèze], GD **5**, 15, *20*.
GIMEL [Corrèze], GD 18, *20*.
GLAINE-MONTAIGUT [Puy-de-Dôme], EGA 17.
GLÉNY, comm. de Servières-le-Château [Corrèze], GD 15, *20*.
GOUL (vallée du) [Cantal], VOL 19.
GOUR-NOIR (barrage du), comm. de Cros-de-Montvert [Cantal], GD 16.
GOUTTES (puy des), comm. de Saint-Ours [Puy-de-Dôme], VOL 14, *20*.
GRAND SUCHET (puy), comm. de Ceyssat [Puy-de-Dôme], VOL **2**, **3**.
GRANDVAL (barrage de), comm. de Lavastrie [Cantal], GD 14, *20*.
GRIOU (puy), comm. de Saint-Jacques-des-Blats [Cantal], VOL 18, *20*.
GUÉRET [Creuse], GD 19.
GUÉRY (lac de), comm. du Mont-Dore [Puy-de-Dôme], VOL 16, *20*.
HAUTEFAGE (barrage de) [Corrèze], GD 15, *20*.
HAUTE-LOIRE (département), VOL 13.
HÉRISSON [Allier], EGA 15.
HERMENT [Puy-de-Dôme], EGA 17.
IMPRADINE (vallée de l'), comm. de Lavigerie [Cantal], VOL **16**.
ISSOIRE [Puy-de-Dôme], EGA **4**, **5**, 12, 15, *20*.
JALEYRAC [Cantal], EGA 16.
JONAS (grottes de), comm. de Saint-Pierre-Colamine [Puy-de-Dôme], VOL 17, *20*.
JORDANNE (cours d'eau) [Cantal], VOL 18, **19**, *20*.
JOU-SOUS-MONJOU [Cantal], EGA 17.

Jozerand [Puy-de-Dôme], CHA 14, *20*.
Lamouroux (grottes de), comm. de Noailles [Corrèze], GD 17, *20*.
Lanau (barrage de), comm. de Neuvéglise [Cantal], GD 14.
Lander (cours d'eau) [Cantal], VOL 19, **19**.
Lanobre [Cantal], EGA 16.
Lapalisse [Allier], CHA 19.
Laschamps (puy de), comm. de Saint-Genès-Champanelle [Puy-de-Dôme], VOL 14, *20*.
Lassolas (puy de), comm. de Saint-Genès-Champanelle [Puy-de-Dôme], VOL 14, 15, *20*.
Lavaudieu [Haute-Loire], EGA 20, *20*.
Lavigerie [Cantal], VOL **17**.
Lavoûte-Chilhac [Haute-Loire], EGA 20, *20*.
Lavoûte-Polignac (château de), comm. de Lavoûte-sur-Loire [Haute-Loire], CHA **6**, 20, *20*. EGA 20.
Lavoûte-sur-Loire [Haute-Loire], EGA 20.
Léotoing [Haute-Loire], CHA 19.
Limagne, EGA 12. VOL 12, 13, 14, 15, 18.
Limoges [Haute-Vienne], GD 19.
Lioran (Le), comm. de Laveissière [Cantal], VOL 18.
Livradois (monts du) [Puy-de-Dôme], VOL 13.
Louchadière (puy de), comm. de Saint-Ours [Puy-de-Dôme], VOL 14, *20*.
Madic [Cantal], CHA 16, *20*.
Malemort-sur-Corrèze [Corrèze], GD 14.
Mandailles (vallée de) [Cantal], VOL **8, 9,** 18, *20*.
Manglieu [Puy-de-Dôme], EGA 16, *20*.
Manzagal (puy de), comm. de Liginiac [Corrèze], GD 14, *20*.
Marèges, comm. de Liginiac [Corrèze], GD **2, 3, 13,** 14, *20*.
Margeride, VOL 17, 19, *20*.
Maringues [Puy-de-Dôme], EGA 16.
Maronne (cours d'eau et vallée) [Cantal], GD 12, 15, *20*. VOL **18,** 19.
Marsat [Puy-de-Dôme], CHA 14.
Mary (puy), comm. de Mandailles [Cantal], VOL 17, *20*.
Mauriac [Cantal], EGA **1**, 16, *20*.
Mauzun [Puy-de-Dôme], CHA 12, *20*.
Merceur (puy de), comm. de Saint-Genès-Champanelle [Puy-de-Dôme], VOL 14.
Merle (tours de), comm. de Saint-Geniez-Haut-Merle [Corrèze], GD **6, 7,** 16, *20*.
Messilhac (château de), comm. de Raulhac [Cantal], CHA 17, 18, *20*.
Meymac [Corrèze], GD 18, *20*.
Meyssac [Corrèze], GD 16, 17.
Mézenc [Haute-Loire], VOL 17, *20*.
Millevaches (plateau de) [Corrèze], GD 18, *20*.
Molèdes, comm. de Lapeyrugue [Cantal], EGA 15.
Montchal (puy de), comm. de Besse-en-Chandesse [Puy-de-Dôme], VOL 17, *20*.
Montchier (puy de), comm. de Ceyssat [Puy-de-Dôme], VOL 14.
Montcineyre (lac de), comm. de Compains [Puy-de-Dôme], VOL 17, *20*.
Mont-Dore (Le) [Puy-de-Dôme], VOL 12, 13, 16, 19, *20*.
Montferrand, comm. de Clermont-Ferrand [Puy-de-Dôme], VOL 15, *20*.
Montlogis (château de), comm. de Polminhac [Cantal], VOL 18.
Montpeyroux [Puy-de-Dôme], CHA 19, *20*.
Montsalvy [Cantal], EGA 17, *20*.
Moulins [Allier], EGA 20, *20*.
Moussages [Cantal], EGA 17.
Mozac [P.-de-Dôme], EGA 13, 14, *20*. VOL *20*.

Murat [Cantal], CHA 12, 16, *20*. EGA 16, *20*. VOL 19, *20*.
Murel (cascade de), comm. d'Albussac [Corrèze], GD **2**, 16.
Murol [Puy-de-Dôme], CHA **12,** 12, 16, *20*. VOL **1**, 16, 20, *20*.
Nasbinals [Lozère], VOL 17.
Neuvic ou Neuvic-d'Ussel [Corrèze], GD 14, *20*.
Nid de la Poule (ou petit puy de Dôme), comm. d'Orcines [Puy-de-Dôme], VOL 14, *20*.
Noailles [Corrèze], GD 17.
Nohanent [Puy-de-Dôme], VOL 14.
Nonette [Puy-de-Dôme], CHA 12, 19, *20*.
Nugère (puy de la), comm. de Volvic [Puy-de-Dôme], VOL 14, *20*.
Opme (château d'), comm. de Romagnat [Puy-de-Dôme], CHA 19, *20*.
Orcival [Puy-de-Dôme], EGA 12, 14, **15,** *20*. VOL 16, *20*.
Palemont (château de), comm. de Fontanges [Cantal], CHA **8**, *20*.
Parentignat [Puy-de-Dôme], CHA **16**, 16, *20*.
Pariou (puy de), comm. d'Orcines [Puy-de-Dôme], VOL 14.
Pauliac (puy de), comm. d'Aubazine [Corrèze], GD 18, *20*.
Pavin (lac), comm. de Besse-en-Chandesse [Puy-de-Dôme], VOL **4**, 17, *20*.
Pesteils (château de), comm. de Polminhac [Cantal], CHA 14, **14,** 15, *20*.
Peyre-Arse (puy), comm. de Lavigerie [Cantal], VOL 18.
Peyrol (pas de), comm. du Falgoux [Cantal], VOL 17.
Peyrusse, comm. d'Aubazat [Haute-Loire], EGA 20.
Pierres-Jaumâtres, comm. de Toulx-Sainte-Croix [Creuse], GD 19, *20*.
Polignac [Hte-Loire], CHA **8, 9,** *20*. EGA 20.
Polminhac [Cantal], CHA 14. VOL 19.
Pompadour, comm. d'Arnac-Pompadour [Corrèze], GD 18, 19, **19**.
Pontgibaud [Puy-de-Dôme], CHA 14, *20*.
Port-Sainte-Marie (chartreuse de), comm. de Chapdes-Beaufort [Puy-de-Dôme], GD 13, *20*.
Prades [Haute-Loire], EGA 20.
Puy (Le) [Haute-Loire], EGA **8, 9**, 16, 17, **17**, 18, 19, 20, *20*.
Puy-de-Dôme (département), VOL 18.
Puys (chaîne des) [Puy-de-Dôme], VOL 12, 13, **13,** 14, 15, *20*.
Queuille [Puy-de-Dôme], GD 13.
Randan [Puy-de-Dôme], CHA 19, *20*.
Ravel [Puy-de-Dôme], CHA 19, *20*.
Redondet (col de), comm. du Falgoux [Cantal], VOL 12.
Rhue (cours d'eau), GD **2**, 12, *20*. VOL **18,** 19.
Riom [Puy-de-Dôme], CHA 14, 15, *20*. VOL 18, *20*.
Riom-ès-Montagnes [Cantal], EGA 16, *20*.
Roche (château de), comm. de Chaptuzat [Puy-de-Dôme], CHA 18, 19, **19**, *20*.
Rochefort [Allier], CHA 13.
Rochefort-Montagne [Puy-de-Dôme], VOL 20, *20*.
Rochelambert (château de La), comm. de Saint-Paulien [Haute-Loire], CHA 20, *20*.
Roffiac [Cantal], EGA 17.
Rognon (mont), comm. de Ceyrat [Puy-de-Dôme], VOL 15.
Royat [Puy-de-Dôme], VOL 18, *20*.
Ruffaud (étang de), comm. de Gimel [Corrèze], GD 18, *20*.

Sablier (barrage du), comm. d'Argentat [Corrèze], GD **5**, 15, *20*.
Saignes [Cantal], EGA 17, *20*.
Salers [Cantal], CHA 16, *20*. VOL **9**, **13**, 14, **14**, 19, *20*.
Sanadoire (roche), comm. d'Orcival [Puy-de-Dôme], VOL **5**, 16, *20*.
Sancy (puy de), comm. du Mont-Dore [Puy-de-Dôme], VOL **2**, 16, *20*.
Santoire (cours d'eau), VOL 19.
Sarcoui (le), comm. d'Orcines [Puy-de-Dôme], VOL 14.
Sarrans (barrage de), comm. de Brommat [Aveyron], GD 14, *20*.
Saulcet [Allier], EGA 14.
Saule (saut de la), comm. de Bort-les-Orgues [Corrèze], GD **2**.
Serre (montagne de la) [Puy-de-Dôme], VOL 15, *20*.
Servière (lac de), comm. d'Orcival [Puy-de-Dôme], VOL 16, *20*.
Servières-le-Château [Corrèze], GD **6**, 16, *20*.
Sioule (cours d'eau et vallée de la), CHA 13, *20*. EGA 13, *20*.
Solignac [Haute-Vienne], GD 19.
Souvigny [Allier], EGA **15**, 16, *20*.
Super-Besse, comm. de Besse-en-Chandesse [Puy-de-Dôme], VOL 17.
Saint-Cirgues [Haute-Loire], EGA 20, *20*.
Saint-Cirgues-de-Jordanne [Cantal], VOL 18.
Saint-Désiré [Allier], EGA 14.
Saint-Dier-d'Auvergne [Puy-de-Dôme], EGA 17.
Sainte-Marie-des-Chazes [Haute-Loire], EGA 20, *20*.
Saint-Flour [Cantal], VOL 19, **19**, *20*.
Saint-Hilaire-la-Croix [P.-de-Dôme], EGA 17.
Saint-Jacques-des-Blats [Cantal], VOL 18.
Saint-Julien-de-Jordanne [Cantal], VOL **6**.
Saint-Léonard-de-Noblat [Haute-Vienne], GD 19, *20*.
Saint-Martin-Cantalès [Cantal], EGA 17.
Saint-Menoux [Allier], EGA 15, *20*.
Saint-Nazaire, comm. de Saint-Julien-près-Bort [Corrèze], GD **2, 3,** 14, *20*.
Saint-Nectaire [Puy-de-Dôme], EGA **2**, **3**, 12, 14, *20*. VOL **1**, 17, 18, 20, *20*.
Saint-Pourçain-sur-Sioule [Allier], EGA 14, *20*.
Saint-Privat [Corrèze], GD 16.
Saint-Saturnin [Puy-de-Dôme], CHA 19, *20*. EGA **2**, 13, 15, *20*.
Saint-Sidoine, comm. d'Aydat [Puy-de-Dôme], VOL 15.
Saint-Vincent [Haute-Loire], EGA 20.
Tartaret (puy du), comm. de Murol [Puy-de-Dôme], VOL 16.
Taurion (cours d'eau), GD 19.
Tazenat (gour de), comm. de Chardonnières-les-Vieilles [Puy-de-Dôme], VOL 15.
Ternes (vallée de) [Cantal], CHA **2**.
Thiézac [Cantal], VOL 19.
Thuret [Puy-de-Dôme], VOL 20.
Tiretaine (vallée de la), comm. de Royat et Orcines [Puy-de-Dôme], VOL 14, *20*.
Toulx-Sainte-Croix [Creuse], GD 19.
Tournemire [Cantal], CHA 17.
Tournoël (château de), comm. de Volvic [Puy-de-Dôme], CHA **4, 5,** 12, 13, **13,** 14, *20*. VOL *20*.
Treignac [Corrèze], GD 18, *20*.
Triouzoune (cours d'eau), GD 12, 14, *20*.
Truyère (cours d'eau), GD 13, 14, *20*.
Tuilière (roche), comm. de Rochefort-Montagne [Puy-de-Dôme], VOL **5**, 16, *20*.

Tulle [Corrèze], GD 18, *20*.
Turenne [Corrèze], GD 17, **17,** *20*.
Ussac [Corrèze], GD 14.
Ussel [Corrèze], GD 18, *20*.
Usson [Puy-de-Dôme], CHA 12, 18, *20*.
Uzerche [Corrèze], GD 18, **19,** *20*.
Vache (puy de la), comm. de Saint-Genès-Champanelle [Puy-de-Dôme], VOL 14, 15, *20*.
Val (château du), comm. de Lanobre [Cantal], CHA 15, *20*. GD **10, 11,** 13, **15,** *20*.
Valbeleix (couze de) [Puy-de-Dôme], VOL 17, *20*.
Val d'Enfer, comm. du Mont-Dore [Puy-de-Dôme], VOL 16.
Vallon-en-Sully [Allier], EGA 15.
Vassivière (lac de), comm. de Beaumont-du-Lac [Haute-Vienne], GD 18, 19, *20*.
Veauce [Allier], EGA **13**, *20*.
Ventadour (château de), comm. de Moustiers-Ventadour [Corrèze], GD 14, *20*.
Veyre (cours d'eau) [Puy-de-Dôme], VOL 14.
Vézère (cours d'eau), GD 18, **19,** *20*.
Vic (roche de), comm. d'Albussac [Corrèze], GD 16, **16,** *20*.
Vichy [Allier], VOL **17**, 18, *20*.
Vic-le-Comte [Puy-de-Dôme], CHA 19, *20*.
Vicq [Allier], EGA 13.
Vic-sur-Cère [Cantal], VOL 19, *20*.
Villefranche [Allier], EGA 15.
Villeneuve-Lembron [Puy-de-Dôme], CHA 15, *20*.
Vixouze (château de), comm. de Polminhac [Cantal], CHA 14.
Vodable [Puy-de-Dôme], CHA 12, *20*.
Volvic [Puy-de-Dôme], EGA 16, *20*. VOL 18, *20*.
Vorey [Haute-Loire], EGA 20.
Ydes [Cantal], EGA 16, *20*.
Ygrande [Allier], EGA 15, *20*.
Yssandon [Corrèze], GD 14.

L'Auvergne et le Limousin

Au centre même de la France, deux régions ne sont guère séparables : l'Auvergne et le Limousin. Elles apparaissent comme une des grandes « réserves de nature » du territoire national. Un de ces espaces où l'on cherche à se recréer plus qu'à se récréer, encore que la récréation n'y soit point interdite.

On les assimile volontiers à ce fameux Massif central dont on entend parler depuis l'école, avec ses images associées : le château d'eau, voire le toit, de la France. Il est vrai qu'il y a l'élévation, l'humidité et même la verdure d'un vieux toit moussu. Mais l'Auvergne et le Limousin, en débordant çà et là, ne sont pas tout le Massif central, pas plus qu'ils ne se résument aux vaches jaunes ou rouges sur fond d'herbes ou de fougères.

L'ossature historique et économique en est la longue suite des « fossés » des Limagnes, profondément encastrée dans le Massif : une vieille voie de passage toute jalonnée de châteaux aux tours ruinées qui en gardaient ou en rançonnaient la richesse... et les voyageurs. Il se trouve que l'ossature physique et touristique est exactement parallèle à cet axe méridien, et pour la même raison géologique : à la cassure des Limagnes correspond l'alignement des volcans, un ensemble de sites unique en France.

Vers le nord, l'étrange file des puys, dômes en coupole ou cônes à cratères, comme une éruption de pustules gigantesques, élevées au-dessus de chaotiques coulées de laves. Au centre, un mont Dore éventré et pourtant bien haut encore, tout bruissant de cascades, zébré par ces profondes couzes qui en drainent les eaux, et ponctué par des lacs tout ronds. Au sud, déployé comme un immense parapluie — c'est la spécialité d'Aurillac même —, le puissant ensemble du Cantal. Tout au long, le jaillissement des eaux minérales et thermales — l'ensemble de stations le plus fréquenté de France. À quoi répond, sur les sommets, une éclosion de stations de neige.

De ce faîte descend doucement vers l'ouest un immense glacis, tout feutré de verdure, buriné par de profondes et longues gorges toutes miroitantes de lacs : c'est le décor du Limousin. Vers le sud-est, au contraire, passé la dernière Petite Limagne, on se hisse dans le Velay, dont plateaux et gorges sont en miniature, mais où se dressent les célèbres aiguilles du Puy, et qui est déjà en pays d'oc.

Partout, hameaux et petits villages portent des traces d'abandon : les maçons limousins et les « vins et charbons » cantalous furent célèbres; ils n'étaient pourtant que les symboles d'un mouvement d'émigration profond, ample et continu. En revanche, les traces de renouveau et de bonne santé se multiplient : on investit « au pays » pour les vieux jours, tandis que « les Parisiens » — et tous leurs semblables —, avides de calme et de verdure, viennent ici s'isoler en troupe, refleurissant les bourgades aux pierres noires ou les villages qui font cercle autour du couderc.

Mais l'Auvergne et le Limousin ne sont pas seulement nature et pâture, verdure et eau, sites et burons, aubrac et salers, fourme et cantal. Entre gorges et volcans, juchés sur les pitons ou lovés au creux des vallons, s'éparpillent des centaines de jalons, laissés comme autant de témoins par des générations d'architectes et de sculpteurs paysans, frustes peut-être, précis et efficaces à coup sûr. En Auvergne a fleuri un art roman original, dont il reste heureusement, à Clermont comme à Issoire, à Orcival comme à Saint-Nectaire, des témoignages de prix; le Bourbonnais et le Velay ont aussi leurs joyaux, qui à eux seuls justifient le pèlerinage des amateurs d'art.

Pèlerinage qui permettra aussi de prendre la mesure des dizaines de tours et de châteaux, ruinés ou embellis, qui évoquent tout un passé d'insécurité, de petits tyrans pauvres et avides, juchant leurs défenses sur des pitons presque inaccessibles : tout un musée du château fort du pauvre et de l'art de se défendre, où les cadres sont même, parfois, redorés — certains disent affadis — par les travaux modernes, comme à Val sur le lac de Bort.

Non, l'Auvergne n'est pas seulement un parc — et son parc n'est, fort heureusement, pas plus « naturel » que les autres. Il est beaucoup plus.

ROGER BRUNET.

au pays des feux éteints,
l'Auvergne des volcans

◄ *Un résumé de l'Auvergne :
l'église de Saint-Nectaire
et le château de Murol,
nichés dans la verdure.*

*Le téléphérique ►
du puy de Sancy,
point culminant
de la France centrale.*

▲ *Deux volcans à cratère
de la chaîne des Puys :
le Grand Suchet
et le puy de Côme.*

*Hier à l'échelle des temps géologiques,
le sol auvergnat vomissait en grondant
débris incandescents et langues de feu.
Aujourd'hui, les volcans se sont figés dans des formes étranges,
qui donneraient au paysage des allures lunaires,
n'était la végétation qui a pris racine sur les cônes
et dans les cratères éteints.*

Dans les monts Dore, la nappe tranquille du lac Pavin.

4. L'Auvergne des volcans

Vues du col de Guéry, ▲
les roches Tuilière et Sanadoire,
se dressent dans le cirque
boisé du Chausse.

*Volcans ruinés
au relief encore vigoureux, profondes vallées
aux pentes couvertes d'une riche végétation,
lacs poissonneux enchâssés dans des forêts et des roches,
tels sont les monts Dore,
riches d'agréments pour un tourisme multiple.*

Les verts pâturages ▶
de la vallée de Chaudefour.

Étonnante vision
de la « ville noire »,
Clermont-Ferrand,
capitale de l'Auvergne. ▼

Le Cantal des burons ▲
et des vaches de Salers,
près de Saint-Julien-de-Jordanne.

▲ Une scène pastorale
pas tout à fait
traditionnelle...

6. L'Auvergne des volcans

*Villes célèbres par leurs sites et leurs monuments,
petits bourgs à l'activité pastorale,
verts pâturages peuplés, l'été, de paisibles troupeaux,
émaillent une nature
aux aspects extrêmement variés.*

*La vallée de Mandailles, ▲
vue du col de Redondet.*

L'Auvergne du printemps... ▶

Pays de montagne arrosé d'eaux vives,
le Cantal joint à la quiétude
de ses herbages et de ses forêts
le pittoresque de ses cités,
dont les pierres patinées évoquent
de longs siècles d'histoire
et de traditions.

◀ Dans le vieux Salers,
la place Tyssandier-d'Escous,
du nom du promoteur
de la race bovine locale.

Perché dans la vallée ▶
de la Doire,
le château médiéval
d'Anjony.

▲ *Hautes cimes cantaliennes
aux versants herbus :
le col de Redondet,
vu du pas de Peyrol.*

*I*l est au cœur de la France une région exceptionnelle, au visage étrange : « Une île, avec ses volcans enrubannés de nuées, ses cascades au flanc des basaltes [...]. Ô terre que les savants ont dit la plus ancienne et la plus future, ô cher Royaume du vert, ô romantique Île au trésor, à l'ancre avec tes prairies et tes bois, tes feux souterrains et tes bouillonnantes fontaines! En vérité, l'Auvergne est le domaine de la Nature, celui des puissances secrètes, à la fois simples et mystérieuses... » Nul n'a mieux qu'Henri Pourrat chanté la beauté particulière de ce pays que se sont disputé l'eau et le feu, la nature et l'homme, l'herbe, la lande et la forêt. Rude terroir que son relief bouleversé a longtemps contraint de vivre replié sur lui-même, mais que le développement des axes de circulation désenclave progressivement. Ces sites grandioses, modelés par le volcanisme, se trouvent menacés par les carrières, qui dévorent inexorablement les puys à la recherche de la précieuse *pouzzolane*, et par l'essor du tourisme. Il n'était que temps de les protéger. C'est à cette sauvegarde que vise la création d'un « Parc naturel régional des volcans d'Auvergne », vaste sanctuaire qui regrouperait en son sein la chaîne des Puys, les volcans des hauts plateaux du Cézallier et des monts Dore, le massif du Cantal : un vert ensemble montagneux, si attirant par la singularité de ses paysages.

Des feux éteints

Une nature apaisée mais sauvage, plus âpre que riante, volontiers austère, en butte à un climat inclément, à des vents piquants, aux rigueurs de la neige et du gel, tels apparaissent aux jours frisquets les monts d'Auvergne. Mais, serties de toutes les nuances de l'émeraude, les différentes manifestations du volcanisme sont réunies là, qui font de l'ancienne terre des Arvernes un passionnant « musée de plein air ». Le temps et l'érosion y ont façonné des formes curieuses, ici émoussant le relief, là l'aiguisant au contraire, jouant avec toute la gamme des roches qui en forment l'architecture. Si l'on n'y trouve ni très hautes cimes ni glaciers — et les neiges qui parent les sommets n'ont rien d'éternel —, l'Auvergne est riche de larges panoramas, de vallées étroites et encaissées, de plateaux mélancoliques, cultivés ou revêtus de pâturages, de plaines fertiles, de mamelons herbeux. Son charme discret se perçoit à travers l'immensité de ses landes, le murmure de ses forêts, le clapotis joyeux des eaux qui, de tous côtés, jaillissent et ruissellent, la grâce romantique de ses lacs, les mille jeux de la lave figée.

L'Auvergne possède un inestimable trésor dont elle est seule, en France, à pouvoir s'enorgueillir : les volcans. L'ancêtre est le Cantal, assoupi depuis 3 millions d'années. Le Mont-Dore fait, lui aussi, figure de vétéran; ses ultimes convulsions remontent, sauf exception, à la fin de l'ère tertiaire. Sur ces deux massifs, les ruissellements ont eu le temps d'agir, éventrant les cônes, arasant les sommets. Il en va tout autrement des monts Dôme, dont les silhouettes se dressent presque intactes; leur paysage est neuf et ce n'est pas un vaste massif, mais toute une série de pustules, alignées du nord au sud.

Sites et curiosités naturelles foisonnent donc sur cette « terre de feu » où ne se sont implantées que de petites villes, attachantes par leurs vieilles maisons pittoresques et leurs beaux édifices religieux. Juchés sur des promontoires dominant vallées et plaines, des vestiges de forteresses médiévales évoquent un rude passé. Et partout — ou presque — des stations thermales nous rappellent que, depuis des siècles, l'Auvergne, véritable réservoir d'eaux souterraines, exploite là une précieuse richesse.

Un premier visage, l'Auvergne des puys

Sur le plateau qui, à l'ouest de Clermont-Ferrand, domine la terre fertile de la Limagne, s'étire du nord au sud, sur une trentaine de kilomètres, un impressionnant ensemble de volcans. Ils sont à peu près soixante à nous apparaître approximativement tels qu'ils se présentaient en activité voici quelques millénaires à peine, pour la plus grande terreur des hommes qui les virent peu à peu s'exhausser.

Le plus ancien est le *puy de Dôme*. Il s'élève au centre de la file des monts Dôme, ses 1 465 m mettant son sommet à plus de 500 m au-dessus du plateau. De là-haut, vers le nord et vers le sud, s'offrent au regard toutes les formes volcaniques possibles, paysage insolite de *dômes*, de *cônes à cratères*, dont certains, *égueulés*, ont vomi de longues coulées de lave qui se sont épanchées jusqu'en Limagne. La couverture végétale de cet ensemble, discontinue, trouée et rapiécée, lui donne une sauvage grandeur. Quelques grands hêtres, çà et là, et de hautes futaies résineuses plantées à la fin du XIXe siècle. Où la forêt se clairsème, sur les terres hautes, apparaît la lande à bruyère qui, à l'automne, teinte les puys d'un délicat rose-mauve. Sur les pentes méridionales sèches, on trouve jusqu'à 1 200 m la *brachypodiaie*, dense pelouse de plantes vivaces aux tendres coloris. Autant de senteurs que de couleurs pour ce « champ de taupinières » parsemé de roches noirâtres bizarrement sculptées et qui, faute d'eau, est inhabité.

Longtemps, le sommet du puy de Dôme fut d'accès difficile. C'est en 1907 qu'on imagina de le relier à Clermont par un tramway à vapeur. La ligne ne vécut qu'un temps et, sur son tracé, à partir du bois des Charmes, fut construite la route actuelle qui grimpe en colimaçon sur 4 900 m. Des flots de touristes l'empruntent chaque été.

12. L'Auvergne des volcans

Un « Parc naturel régional »

Les richesses de l'Auvergne sont multiples : monde de volcans éteints comme il en existe peu, flore originale, architecture romane dans son plus bel éclat, civilisation rurale fidèle à ses traditions..., tout cela méritait d'être protégé. Aussi fut-il décidé d'aménager un « Parc naturel régional des volcans d'Auvergne », réunissant les départements du Puy-de-Dôme et du Cantal. Ce projet reçut un accord de principe en 1970; il reste à en approuver officiellement la charte. On envisagerait d'élargir cette superficie (environ 240 000 ha) au territoire de la Haute-Loire, soit 187 000 ha de plus.

Dans le souci de faire découvrir au touriste les caractères spécifiques de la région, quelque 500 km de sentiers ont été balisés, sentiers souvent « éducatifs », permettant une meilleure connaissance de la forêt ou de la géologie (panneaux explicatifs). En dehors des randonnées pédestres, divers autres sports y seront favorisés : l'équitation, l'escalade, la spéléologie, le canoë-kayak, le nautisme. Le camping y trouve aussi place, organisé ou « sauvage ». ■

Une terre de traditions

Rarement terroir s'est révélé au fil de l'histoire plus fidèle à lui-même que le pays auvergnat. Aujourd'hui, sans renoncer à s'adapter à notre monde moderne, il tente de préserver un mode de vie et des traditions qui sont les siens depuis des siècles. Ce souci de continuité imprègne ses vieilles cités, figées, semble-t-il,

▲ *Enfermée dans ses remparts, Salers a conservé ses maisons à tourelles des XVe et XVIe siècles.*

Les plus jeunes montagnes de France : la chaîne des Puys
▼ *ou monts Dôme.*

Jadis, des pèlerins montaient à l'assaut du puy, car cette plate-forme fut un des hauts lieux de la religion antique. Comme l'attestent les vestiges d'un sanctuaire gallo-romain, les Arvernes dédièrent la butte au dieu Mercure. Les invasions du Ve siècle mirent sans doute fin à ce culte. Mais, quelques siècles plus tard, soucieuse de s'imposer là où avait régné une religion païenne, l'Église élevait sur cette hauteur une petite chapelle consacrée à saint Barnabé, le « pourfendeur du paganisme ». Chaque année, jusqu'au XVIIe siècle, s'y déroulait un pèlerinage. Puis les édifices tombèrent en ruine, et le puy de Dôme se replongea dans une majestueuse solitude, coupée seulement par d'étranges pratiques : Pascal et son beau-frère Florimond Périer, le 19 septembre 1648, y étudièrent la pesanteur de l'atmosphère; bien plus tard, en 1876, Émile Alluard choisit d'y installer un observatoire de montagne, le premier du genre; détruit en 1957, celui-ci a été réinstallé dans les bâtiments de la télévision, dont la tour émettrice s'élève à 83 m au-dessus du sommet, et dont la plate-forme du premier étage, ouverte au public, offre une vue inoubliable. Au nord et au sud s'étalent les volcans éteints de la chaîne des Puys, paysage presque lunaire, unique en France. À l'horizon s'élève le massif du Mont-Dore. La mosaïque de la Limagne apparaît en contrebas, avec ses villes, ses villages, ses champs cernés de haies et de peupliers. Au loin, les croupes boisées des monts du Livradois et du Forez; à l'ouest, les molles ondulations du plateau limousin. La visibilité, qui change au gré des nuages et de la brume, peut s'étendre sur quelque 300 km — on voit parfois le mont Blanc. Mais c'est au soleil couchant surtout que le spectacle est extraordinaire.

Un univers de dômes et de cônes

Le puy de Dôme, parfait modèle de *dôme*, a, au nord, quatre cousins, reconnaissables à l'absence de cratère, à la teinte claire de la

L'Auvergne des volcans. 13

dans le souvenir de leur passé. L'une des plus saisissantes est sans conteste *Salers*, surprenante incursion de la civilisation urbaine dans un milieu fondamentalement agreste : elle jaillit en gris et noir au milieu d'un ample nid de verdure, sur un plateau dominant la Maronne. Construit sur deux mamelons basaltiques, riche de la double fortification que lui ont laissée la nature et l'homme, l'ancien siège du bailliage des Hautes-Montagnes d'Auvergne nous reporte quatre ou cinq siècles en arrière. Le temps a en effet respecté les murs d'enceinte dont il fut doté, après avoir durement souffert des attaques des Anglais et des routiers, et qui le protégèrent au XVIe siècle contre huguenots et ligueurs; la tour du Beffroi ou tour de l'Horloge, la tour de la Martille, percées des portes de la ville, subsistent encore. À l'intérieur de ces remparts, il faut se promener au hasard des rues étroites et sombres, encaissées entre de hautes maisons de basalte noir. Chacune d'entre elles a ses souvenirs. Ici, une belle fenêtre ogivale du XVIe, là une jolie cour Renaissance, là encore une tour ronde encastrée. Et, au cœur de cet univers, le décor presque théâtral de la Grande-Place avec ses maisons à tourelles encorbellées des XVe et XVIe : la maison du Notaire, celle de Flogeac, celle de la Ronade. Les lignes sont dépouillées et élégantes, les toitures élancées, les façades noires et grises, sévères d'aspect. Et de tout cela se dégage une étrange poésie. Le vaisseau gothique de l'église, qui s'élève dans la partie basse de la ville, au début de la rue du Beffroi, s'harmonise sans heurt avec ce cadre désuet qui, par la vaste esplanade de Barouze, s'ouvre sur les verts horizons des hauteurs cantaliennes.

Dans un environnement à l'image de son passé, l'Auvergnat reste obstinément homme de tradition. En fait, l'isolement dans lequel il a longtemps vécu explique son indéfectible attachement à son sol natal. C'est « en gros un homme vêtu de noir, coiffé d'un chapeau de même métal, qui élève des vaches rouges et vend de l'eau minérale. [...]

« Il est beau à la foire et dans les enterrements. Plus fort, plus dru, plus résistant que le cheval, il est moins agile que la chèvre, mais plus têtu que le mulet. Son pouce, nettement « opposable », lui permet de saisir fortement ce qu'il attrape et de ne le lâcher qu'à la dernière extrémité.

« C'est son grand-père qui le lui a

▲ *Salers : la maison Bertrandy et la porte de la Martille.*

lave *(domite)*, qui sortait presque figée des invisibles cheminées, ainsi qu'aux fissures qui entament leurs flancs et par lesquelles s'échappèrent de redoutables « nuées ardentes » : le puy de Clierzou, le puy de l'Aumône, le Sarcoui, le puy Chopine.

Ces montagnes arrondies parlent toutefois moins à notre imagination que les traditionnels volcans à cratères auxquels s'apparente le reste de la chaîne. L'un des plus beaux — l'un des plus jeunes aussi — est le Pariou (1210 m), qui a conservé ses deux cratères concentriques. On peut y accéder à travers bois, landes à bruyère et pelouses à brachypode; il faut franchir le rebord du premier cratère pour parvenir à l'entonnoir central, profond de 96 m et vaste de 950 m de tour. Cette ancienne « chaudière » où affleurent les *pouzzolanes* rougeâtres, vestiges des projections de lave incandescente, prêta son cadre insolite à un banquet que la Société géologique de France y donna le 30 août 1833. Pouvait-on rêver plus belle salle de festin? Elle « avait pour plafond l'azur du ciel et le soleil pour éclairer; ses tentures étaient l'herbe fraîche et les fleurs qui cachaient l'ancien incendie du volcan » (Henri Lecoq).

Le temps a gardé à ces *cônes de débris* leur forme primitive. Sur leurs flancs abrupts au profil régulier, sur leur couverture de cendres, scories ou bombes, se lit aisément l'histoire des dernières éruptions. Les végétaux, carbonisés, ont déserté les pentes, et la plupart de ces volcans sont chauves, hormis les plus anciens, dont les débris se sont fertilisés. Les entonnoirs, souvent très profonds, peuvent être simples ou multiples, intacts ou ébréchés *(égueulés)*. Le puy de Côme, gigantesque avec ses 1 500 m de diamètre à la base, a des lignes très pures et deux cônes emboîtés. Le petit puy de Dôme (ou Nid de la Poule) jouxte son aîné, mais n'est pas de la même famille : il possède plusieurs petits cratères. Le puy des Gouttes enserre dans son croissant la pustule dômitique du puy Chopine. Au nord, les puys de Louchadière et de la Nugère, et, au sud, les puys de Montchier, de Laschamps et de Mercœur sont parmi les cônes les plus parfaits. Quant à ceux de la Vache et de Lassolas, ce sont les plus saisissants, et le fond de leur cratère égueulé requiert une visite.

Si la chaîne des Puys doit sa beauté particulière à ces foyers éteints, elle la doit aussi à un étrange monde minéral : celui des *cheires*, ces coulées de lave fluide qui se sont ouvert un passage à la base de certains cônes, parfois sans les endommager, parfois en les égueulant. Sombres surfaces rugueuses et chaotiques sur lesquelles l'homme a peu d'emprise. Les unes, épaisses, formées d'*andésite*, sont d'une aridité désolée et leurs blocs en désordre ne tolèrent que de rares végétaux (bouleaux, noisetiers, genêts, pins, bruyère). Tel est le cas de la coulée émise par le Pariou, qui est venue mourir à Nohanent (8 km). Les autres, très allongées, *basaltiques*, sont en comparaison relativement fertiles. Çà et là, des conifères; ailleurs, de larges

À l'horizon, la silhouette du puy de Dôme et, au premier plan, le cône ▼ *à cratère du puy de Côme.*

étendues consacrées à la lande et à la pelouse, qui permettent une vie pastorale. Quelques cultures parfois réparties en parcelles exiguës, comme à l'ouest du puy de Côme. Mais la friche tend constamment à reprendre le dessus; et c'est au pied des monts, sur le plateau granitique, que l'homme a préféré se fixer.

Les laves les plus fluides de ces coulées sont descendues jusque dans les vallées, dont elles occupent le fond. Ainsi, à quatre reprises, la vallée de la Tiretaine a-t-elle été envahie par les épanchements du petit puy de Dôme, et, il y a plus de douze mille ans, la coulée la plus longue atteignit Chamalières. Les gorges de l'Auzon, la vallée de la Veyre, entre autres, connurent le même sort. Les eaux s'y sont frayé des cheminements souterrains, réapparaissant çà et là, de résurgences en cascatelles, entre les buissons qui ont recolonisé les scories noires. Bien plus curieuses encore, les coulées qui s'étirèrent jusqu'au fossé de Limagne, à une époque plus ancienne où celui-ci, bourré de sédiments jusqu'à la gueule, était à la hauteur du plateau. L'érosion appris : l'Auvergne descend de ses ancêtres. Peu de gens en France descendent encore de leurs ancêtres. Mais l'Auvergnat fait exception » (Alexandre Vialatte).

Sur cette terre rurale par vocation, la *foire* reste l'événement qui permet aux habitants de pays différents de se retrouver. Les costumes se perdent, le célèbre « fouchtra » ne s'entend plus (encore ce juron n'a-t-il jamais été spécifiquement auvergnat!). Mais le commerce des bestiaux n'a pas changé, les tractations conservent la même vivacité depuis les origines. À Salers, à Aurillac, la « capitale du pays vert », à Saint-Flour, à Murat, à Mauriac, à Besse-en-Chandesse, les paysans arrivent en nombre, régulièrement, selon un rite séculaire. Seuls les véhicules motorisés, qui désormais servent au transport des bêtes, sont un rappel de notre temps. L'été même, il n'est pas rare que des foires aient lieu dans les montagnes d'estivage, dans l'Aubrac ou le Cézallier surtout. Ce sont de pittoresques rencontres, inhérentes à la vie de l'Auvergnat pour lequel elles sont une « fête » autant qu'une occasion de traiter des affaires. La race bovine de Salers y est à l'honneur, remarquables animaux réputés pour leur production laitière comme pour leur viande. Mais on peut aussi y acquérir porcs, moutons, chevaux. Et, si l'on se rend à Montferrand au moment de la foire de la Sauvagine (le vendredi avant les Cendres), on verra encore un étonnant marché de fourrures qui, jadis, fut l'un des plus importants avec celui de Nijni-Novgorod (on y vend peaux de martres, de putois, de renards, de loutres...).

De même, la *bourrée* existe encore. Serait-elle celtique? Vint-elle de Grèce? Ses origines ne sont pas élucidées. Toujours est-il qu'elle est de toutes les fêtes locales. Malheureusement, l'accordéon tend à se substituer à la *cabrette*, un instrument proche de la musette, au son de laquelle elle se dansait autrefois. Chaque région a ses mélopées, ses sociétés folkloriques (« Bourrée d'Aurillac », « Bourrée de Murat », « l'Escolo Oubergnato », « la Sanfloraine » de Saint-Flour).

Si l'Auvergne semble encore aujourd'hui garder une personnalité marquée, il ne faut pas se leurrer sur l'avenir qui lui est réservé. Le progrès s'insinue lentement, estompant les traditions, intégrant le pays dans une société à l'écart de laquelle il ne peut plus survivre. Ainsi l'habitat se modernise. Peut-être bientôt ne verra-t-on plus dans les maisons

▲ *Où est donc le temps de la bourrée dansée au son de la cabrette?*

les a épargnées alors qu'elle faisait descendre de 400 m le plancher de la Limagne. Elles se trouvèrent donc perchées, et coiffent aujourd'hui des buttes, comme au-dessus de Châteaugay, au Chanturgue et au mont Rognon, proches de Clermont. Le plus bel exemple est la montagne de la Serre, à l'extrémité de laquelle s'est construit le petit village du Crest. Le plus célèbre est le plateau de Gergovie (1 500 m sur 500), qui, au sud de Clermont-Ferrand, domine la plaine de 400 m, et où se déroula jadis une fameuse bataille (52 av. J.-C.).

Les eaux dormantes

Dernier élément de ce parc-musée que sont les monts Dôme, et non le moins pittoresque, les lacs qui s'isolent çà et là, sertis de bois. Les uns, tout ronds et découpés comme à l'emporte-pièce, sont le fruit d'une explosion volcanique. « Dans un vaste et profond cratère, un beau lac frais et rond, ainsi qu'une pièce d'argent. Les pentes rapides du mont, boisées à droite et nues à gauche, tombaient dans l'eau qu'elles entouraient d'une haute enceinte régulière. Et cette eau calme, plate et luisante comme un métal, reflétait les arbres d'un côté, et de l'autre la côte aride avec une netteté si parfaite, qu'on ne distinguait point les bords et qu'on voyait seulement dans cet immense entonnoir où se mirait, au centre, le ciel bleu, un trou clair et sans fond qui semblait traverser la terre, percée de part en part jusqu'à l'autre firmament » (Guy de Maupassant). Ainsi naquit, au nord de la chaîne des Puys, le *Gour de Tazenat*, vaste de 600 m de diamètre et profond de 67 m. Les petits lacs de Beaunit, d'Espinasse et d'Ampoix ont la même origine.

Pour d'autres, c'est une coulée de lave qui a obstrué une vallée. Les rives sont alors plus sinueuses, comme au *lac de la Cassière* (13 ha) et surtout à *Aydat* (60 ha). À 825 m d'altitude, ce dernier lac est retenu derrière la large coulée qui vient des puys de la Vache et de Lassolas. Sidoine Apollinaire, évêque de Clermont (Ve s.), l'avait choisi pour y bâtir sa « maison de campagne » sur une petite presqu'île à laquelle on donna son nom : Saint-Sidoine.

Un tout autre genre de volcan : les monts Dore

Des volcans, des lacs, des rivières torrentueuses, des sources, le massif du Mont-Dore en est aussi admirablement pourvu. C'est un gigantesque ensemble volcanique, surgi il y a plusieurs millions d'années et que la chaîne des Puys est venue bien plus tard prolonger au nord. Son diamètre atteignait 30 à 40 km, son altitude 2 500 m. L'érosion a disséqué, effaçant ses multiples bouches, entaillant ses flancs, sculptant tout un dédale de crêtes et de vallées profondes qui mettent à nu tantôt des cendres, tantôt des bancs de laves, tantôt de solides murs *(dykes)* ou des colonnes de trachytes *(necks)*, qui correspondent, en fait, à d'anciennes cheminées de volcans. La Dordogne et les nombreux torrents que l'on nomme *couzes* en sortent par des lacs et des cascades, au gré des bancs de laves dures.

La flore qui s'étage sur les pentes diffère de celle des Puys. Aux abords des sommets dénudés, on trouve la pelouse à *Calamagrostis*, propre aux flancs du puy de Dôme, qui se plaît au midi et se colore, pendant l'été, de teintes gaies. Des espèces subalpines font leur apparition : la gentiane bleue, le trèfle alpin, l'anémone alpine... Entre 1 400 et 1 600 m, ce sont les étendues à pacages. Les vaches ferrandaises y transhument de mai à septembre, égayant de leur robe rouge clair semé de blanc ces tapis d'herbes fourragères où se mêlent la gentiane et le nard raide. La végétation forestière ne dépasse pas 1 400 m d'altitude; la neige et le vent torturent les troncs, cassent les cette cheminée typique *(cantou)* dans laquelle on peut s'asseoir, ni les lits clos alignés le long d'un mur de la salle commune. Et pas plus ne trouvera-t-on dans la demeure salersoise la traditionnelle *aiguière*, cette ancienne salle d'eau voûtée qui ouvre sur la vaste pièce du rez-de-chaussée et comporte étagères, bacs, éviers, placards.

Les caractères régionaux tendent d'autant plus à s'effacer que l'Auvergne souffre d'une émigration massive, plus souvent définitive que saisonnière. Lorsque le paysan ne se fait pas ouvrier dans son propre terroir pour pouvoir garder sa ferme et y vivre, il « monte » dans la capitale. On le retrouve charbonnier, brocanteur, ferrailleur, commerçant... Mais vient cependant un jour où il regagne sa terre natale qu'il n'a en fait jamais vraiment quittée. ∎

Les pays satellites

Si l'énorme massif cantalien tend à canaliser l'intérêt des touristes, il est sur son pourtour toute une série de régions, les unes fruit du volcanisme, les autres émergences granitiques, qui mériteraient une visite. À chacune son visage particulier. Le *plateau d'Artense*, au nord, est l'œuvre de l'érosion glaciaire qui a sculpté dans le granite un paysage de buttes moutonnées et de dépressions où se sont installés lacs et prairies marécageuses. De-ci de-là des blocs erratiques aux formes souvent étranges, au nom évocateur : la Roche des « fées », la Pierre « pointue », la Pierre des « druides », et surtout la « peyre About », perdue au milieu de la lande. Ce n'est pas un pays austère, les pâturages remplacent peu à peu les marécages, de petits bois égaient les horizons.

Au nord-est, le *Cézallier* porte en lui le charme secret des terres volcaniques. Des coulées de basalte ont recouvert ces hauts plateaux granitiques que domine le Luguet (1 551 m) et que découpent de belles vallées (celles de Rentières et de la Sianne notamment). Quelques forêts, plantées par l'homme, parent les buttes. Partout ailleurs s'étalent d'immenses pâturages qui, avec leurs burons et leurs troupeaux de bêtes à cornes, évoquent les paysages cantaliens.

De même nature basaltique, l'*Aubrac*, au sud-est, présente un relief tout aussi peu accentué. Là encore l'élevage est roi. Ses herbages semés de lacs et de tourbières, arrosés par de nombreux ruisseaux, sont le domaine de bovins à la robe blonde, à l'allure assez svelte, animaux

branches, anéantissent les forêts. On a, ici aussi, procédé à de considérables reboisements d'épicéas. La forêt progresse, mais les troupeaux délaissent peu à peu les pâturages supérieurs, où ils ne trouvent pas d'herbages comparables à ceux du Cantal.

Mille merveilles

Dans ce cadre pastoral, l'eau est partout. Le massif du Mont-Dore est en quelque sorte un « château d'eau » auquel s'approvisionnent les rivières coulant vers la Loire et la Gironde, dont la Dordogne elle-même. Ses paysages regorgent de lacs, de cascades, de sources qui, alliés aux grottes et aux forêts, aux reliefs volcaniques et aux gorges sauvages, composent un ensemble pittoresque que l'homme a enrichi de mégalithes, d'églises romanes, de châteaux et de stations thermales.

Au nord du Mont-Dore, un pittoresque parcours à travers bois conduit jusqu'au petit bourg d'*Orcival*. Niché dans la verdure, avec ses toits de lave grise, il symbolise l'âme de l'Auvergne qui dévoile là son vrai visage, dans le recueillement de sa basilique romane. Deux kilomètres plus loin, la haute stature du *château de Cordès* se détache au milieu d'un parc dessiné par Le Nôtre.

C'est dans cette partie septentrionale du massif du Mont-Dore que se trouvent quelques-uns des plus beaux sites de l'Auvergne. Des lacs d'abord : *Servière* et *Guéry*. Le premier, tout rond (15 ha, 26 m de profondeur), s'est installé dans un cratère à 1 238 m d'altitude. Des sources souterraines l'alimentent. Épicéas et pins sylvestres, plantés par l'homme, garnissent ses rives que couvrent, à l'est, de paisibles pâturages. Contrastant avec ce cadre boisé, la conque du lac de Guéry est située à 1 246 m d'altitude. Sur 22 ha, le lac étale des eaux peu profondes sur une toile de fond austère de roches noires dénudées. Non loin de lui, du plateau basaltique de la Banne d'Ordanche, le regard embrasse le massif du Mont-Dore dans sa totalité. À quelques centaines de mètres vers le nord, d'énormes « propylées » indiquent, pour qui vient des puys, l'entrée des volcans des Dore : les roches *Tuilière* et *Sanadoire*. Tuilière, haute de 1 296 m, est la cheminée d'un volcan ruiné. Sur ses flancs, on peut voir, disposées en gerbes, des colonnes prismatiques de trachyte; son nom vient de ce que, longtemps, ses plaques de phonolithe furent utilisées pour la couverture des toits. Sanadoire, morceau de cône de 1 288 m de hauteur, supporta jusqu'au XVe siècle une forteresse qui fut occupée par les Anglais au cours de la guerre de Cent Ans.

Enfin, le *Sancy* (1 885 m), sommet le plus élevé des monts Dore et point culminant du centre de la France, domine le massif de toute sa majesté, avec ses versants abrupts, son chemin des Crêtes qui

La célèbre Reine Margot aurait résidé dans ce vieux logis ▼ *de Besse-en-Chandesse...*

surplombe la vallée. Deux téléphériques conduisent à la cime d'une aiguille qui domine les gorges sauvages du Val d'Enfer. L'hiver, les flancs du puy se métamorphosent en paradis pour les skieurs.

Le pays des couzes

Au pied du Sancy, vers l'est, s'encaissent les pittoresques *couzes*. Celle du Chambon, qui commence dans la *vallée de Chaudefour*, est sans doute la plus connue. Les gorges sont profondes, dominées par d'impressionnants escarpements; des *dykes* y ont été sculptés, aux formes étranges. Un volcan très récent, le Tartaret, barre la vallée; il a fait naître, à 880 m d'altitude, l'une des plus belles nappes lacustres de l'Auvergne : le *lac Chambon* (60 ha). De très faible profondeur (6 m), celui-ci tend malheureusement à se combler. En aval et au-delà de la cité de *Murol*, serrée au pied de son superbe château féodal, la

16. L'Auvergne des volcans

▲ *Solitaire au milieu
des pâturages, un buron
de la vallée de l'Impradine,
dans le Cantal.*

robustes de la célèbre race d'Aubrac. Dans les fermes, on fabrique encore la fourme. Dans les agglomérations, les foires à bestiaux n'ont rien perdu de l'animation d'antan, à Laguiole et surtout à Nasbinals, où naquit et vécut le fameux Pierrounet (1832-1907). « Médecin » des animaux, dont il soignait miraculeusement luxations, foulures, fractures, celui-ci appliqua sa « science » à guérir les hommes, et des quatre coins de l'Europe on vint le consulter.

En Velay, de part et d'autre du Puy, le *Devès*, embelli par le lac du Bouchet, et le *Mézenc*, où pointe le petit chapeau du célèbre Gerbier-de-Jonc, sont encore des plateaux volcaniques.

Un tour complet de ces « pays satellites » exigerait enfin une incursion en *Margeride*, ces hautes terres granitiques à l'est de l'Aubrac, pays d'altitude, pauvre, où prédominent la lande et la forêt, mais aussi une promenade dans la *Châtaigneraie*. Ce plateau, sis au sud du massif du Cantal, est couvert de bois et de prés. Les châtaigniers ne manquent pas, évidemment. Ni les vieilles demeures nichées dans ce cadre aimable qu'il faut voir à l'automne. C'est la « Porte du Midi ». Mais de beaux panoramas sur le Cantal rappellent que les volcans ne sont pas loin. ■

Des sources guérisseuses

L'Auvergne est le royaume des eaux. Les unes s'infiltrent dans les laves et les scories, où elles s'épurent. D'autres, souterraines, s'échauffent dans les profondeurs

▲ *Vichy,
la « reine des villes d'eaux »,
connut son âge d'or
sous le second Empire.*

*Hommes et bêtes
partagent la rude existence*
▼ *de la haute Auvergne (Lavigerie).*

vallée s'étale puis se rétrécit avant que surgisse, au sommet d'un rocher, l'église de *Saint-Nectaire*, joyau de l'art roman auvergnat. La petite ville, dont le nom reste associé à un fromage renommé, élaboré sur les hautes pelouses du Mont-Dore, est une importante station thermale, mais aussi une active ville de foires et de marchés.

Un peu au sud, la *couze de Pavin* étire jusqu'à Issoire un sillon plus ou moins large, jalonné de sites et de bourgs pittoresques. On ne manquera pas de visiter les célèbres *grottes de Jonas* (ou *Jaunat*), une soixantaine de cavités creusées dans le roc au-dessus du Cheix, et qui servirent de château fort, au Moyen Âge. De même, on s'accordera le temps de flâner dans *Besse-en-Chandesse*. Perchée sur une colline d'andésite, celle-ci semble encore vivre à l'heure de son passé. Elle fut le fief des comtes de La Tour d'Auvergne avant d'appartenir à Catherine de Médicis, puis à sa fille, la fameuse Reine Margot, qui y vécut (une maison près de la place de la Pairie l'y aurait accueillie). La vieille cité auvergnate a gardé du Moyen Âge ses rues étroites, bordées de demeures austères bâties en lave et couvertes de basalte; la rue de la Boucherie, avec ses boutiques du XVe siècle, est admirablement préservée. Des fortifications, que lui valut son rang de seigneurie, nous sont parvenus d'intéressants vestiges : une partie des remparts, la tour ronde de la prison, ainsi que la tour du Beffroi qui surmonte la porte de la ville, précédée d'une barbacane. L'église romane Saint-André possède la statue de Notre-Dame-de-Vassivière, objet d'un pèlerinage d'été. Besse-en-Chandesse évolue cependant avec son temps : important marché agricole consacré aux deux produits du terroir, bestiaux et fromages, elle abrite une station biologique qui a pour tâche d'étudier la flore et la faune de cette terre de volcans, et dispose d'une station d'altitude, *Super-Besse*, fréquentée l'été pour son cadre reposant et l'hiver pour son vaste domaine skiable, bien exposé au soleil. Non loin de Besse-en-Chandesse, avec pour toile de fond les pâturages qui couvrent les hauts plateaux basaltiques, le lac *Pavin* (1 197 m), nimbé de mystère. Parfaitement rond (750 m de diamètre), il occupe un effondrement *(caldeira)* au pied du puy de Montchal (1 411 m). Les eaux très profondes (92 m), la sombre forêt dans laquelle il s'enchâsse, les énormes rochers qui le dominent contribuent au caractère sauvage du site.

D'un aspect un peu différent est la *couze de Valbeleix*, au sud de Besse-en-Chandesse. Les lacs de *Bourdouze* et de *Montcineyre*, au pied du volcan du même nom, l'alimentent en eau. Le Bourdouze est glaciaire, le Montcineyre (38 ha, à 1 174 m), profond de 17 m, est né du barrage d'une vallée par un cône volcanique, comme le Chambon. En aval du lac, la couze descend dans les *gorges de Courgoul* entre des versants abrupts, couverts d'une splendide végétation parsemée de rochers. Il faudrait aussi mentionner le *lac Chauvet*, tout rond, cerné de bois et de pâturages, et tant d'autres sites encore...

La montagne des Cantalous

Buriné par le temps, démantelé par l'érosion, le massif du Cantal, avec ses 80 km de diamètre, est bien plus grand encore que les monts Dore, au sud desquels il s'étale. Immense appareil volcanique — l'un des plus gigantesques du monde —, il culminait jadis à près de 3 000 m. De son plus haut sommet, le *plomb du Cantal* (1 858 m), on découvre un vaste panorama : outre le système montagneux de l'Auvergne dans sa quasi-totalité, on discerne, par temps clair, jusqu'aux Pyrénées et même jusqu'au mont Blanc. Mais c'est depuis la cime de la majestueuse pyramide du *puy Mary* (1 787 m), à laquelle conduit un sentier qui part du pas de Peyrol (1 582 m), que l'on saisit le mieux les horizons de la haute Auvergne. Alentour se profilent les différents monts, chacun reconnaissable à sa silhouette caractéris-

L'Auvergne des volcans. 17

avant de resurgir. À ces sources mystérieusement bienfaisantes, nos ancêtres vouèrent un véritable culte, et c'est aux occupants romains que l'on doit l'institution du thermalisme. Mais c'est au XIXe siècle seulement que le principe de la cure fut codifié. Dès lors, les stations thermales, ou plus exactement « hydrominérales » (toutes les eaux ne sont pas chaudes), se multiplièrent sur le sol auvergnat. *Vichy* en reste incontestablement la reine. Les vertus curatives de ses sources sont réputées dans le monde entier. S'adaptant aux exigences d'une fréquentation importante, la station est devenue élégante et luxueuse.

À lui seul, le département du Puy-de-Dôme possède quelque 300 sources. Établies, pour les plus renommées d'entre elles, dans le cadre attrayant des bordures de la Limagne, ces villes d'eaux attirent aujourd'hui autant de curistes que de touristes. Tout à côté de Clermont-Ferrand, *Royat*, l'une des plus anciennes, est spécialisée dans les maladies de l'appareil circulatoire. Plus au nord, *Volvic*, dont les eaux sont cependant moins réputées que sa lave. Plus au nord encore, *Châtelguyon* traite les maladies des voies digestives. Autour de ces villes d'eaux, la Limagne étale ses horizons peu accidentés; *Riom*, ancienne capitale du duché d'Auvergne, qui conserve les traces de sa splendeur passée, la domine.

Dans le massif du Mont-Dore, outre *Saint-Nectaire*, riche d'une quarantaine de sources dont les propriétés thérapeutiques concernent l'anémie et les affections du rein, se trouvent deux grands centres de thermalisme. *La Bourboule*, « capi-

▲ *Parcours boisé et encaissé pour les eaux tranquilles de la Rhue, près de Coindre.*

Toute la gamme des verts auvergnats
▼ *pour la vallée de la Maronne.*

tique : le puy Griou (1 694 m), élancé en pic; le puy de Peyre-Arse (1 808 m), surmonté d'une double corne; le Plomb, aux formes lourdes et au faîte arrondi. Ici, point de cratère et, une fois de plus, on a peine à imaginer que ces sommets dénudés, où ne se plaît que la lande à myrtilles, sont d'anciennes bouches d'éruption. Et il est plus difficile encore, au milieu de cette enceinte de monts, de se représenter ce que fut le gigantesque cratère du Cantal, vaste de 10 km de diamètre, dont il ne reste plus rien. De cet incomparable belvédère, on aperçoit aussi très nettement la disposition rayonnante des vallées qui prennent naissance dans des cirques, à proximité de la « chaudière centrale », et irradient de tous côtés, entaillant le massif plus ou moins profondément et délimitant des plateaux triangulaires, ou *planèzes,* couverts de prairies.

Sur ces hautes terres auvergnates (elles s'étagent entre 1 000 et 1 800 m environ), le climat est rude : forts écarts de température, été très court et souvent très chaud, hiver généralement long et rigoureux. Les vents sont violents, les pluies sévissent en orages, la neige revêt les sommets des mois durant. Cet enneigement abondant fait d'ailleurs le bonheur des sportifs, qu'attire la jolie station du *Lioran* (1 160-1 858 m), au cœur même du massif. Encerclée de sapinières, elle offre en outre de belles promenades, et le tunnel, creusé en 1839 pour éviter le passage du col obstrué par la neige, fut longtemps le plus long tunnel routier de France.

La montagne cantalienne est séduisante en toutes saisons, changeante au gré de la lumière, au rythme de la nature. Entre 1 000 et 1 500 m, ses hauteurs solitaires sont parsemées de hêtraies et de bois de résineux, mais le Cantal reste essentiellement l'univers paisible des pâturages. À la fonte des neiges s'ouvrent les maisonnettes de pierre à toit de lauzes, éparpillées sur les pentes et souvent bâties à l'abri d'un bouquet d'arbres. Ce sont les *burons,* solides et conçus pour résister au vent. Il y en avait autrefois bien plus qu'aujourd'hui et plus haut aussi. Néanmoins, bergers et vachers continuent à les occuper pendant les cinq mois d'estivage, de la Saint-Urbain (fin mai) à la Saint-Géraud (début octobre). Tout au long de cette période, la robe acajou et les cornes en forme de lyre des petites vaches rouges de Salers font partie du paysage. Dans les burons, on fabrique la célèbre « fourme », frappée du sceau « haute montagne ». Cependant, les méthodes évoluent : le lait va à la laiterie qui se charge de le transformer; une coopérative de transhumance s'est créée, qui regroupe les troupeaux, et la « montagne à viande » tend à l'emporter sur la « montagne à lait et à fromage ».

L'accès au cœur du « pays vert » se fait par les vallées qui échancrent le massif. Elles sont bocagères ou nues, larges ou étroites, en U ou en V, mais avec un profil toujours nettement marqué. Des agglomérations s'y sont installées et en commandent l'entrée. Des bourgades s'égrènent le long de ces voies de pénétration, tapies à l'abri des pentes ensoleillées, juchées sur un replat. Des vestiges de fortifications ou de châteaux truffent chaque piton, chaque butte.

L'une des plus belles est la *vallée du Falgoux*, au nord-ouest du puy Mary. À partir du cirque du Falgoux, imposant hémicycle glaciaire en partie tapissé de sapins, elle sinue dans un paysage bocager où affleurent parfois basaltes et débris volcaniques, et qui, à hauteur de la gorge de Saint-Vincent, cède la place à d'imposants escarpements rocheux. Non moins pittoresque, la *vallée de Mandailles*, qui, elle aussi, débute dans un superbe « fer à cheval » formé par les principaux sommets (puy Griou, puy Mary, puy Chavaroche); elle épouse le cours supérieur de la Jordanne jusqu'à la cité de *Saint-Cirgues-de-Jordanne*. Des cascades, de ravissants villages montagnards jalonnent ce parcours sauvage et assez encaissé; au-delà, la rivière conduit à *Aurillac*, qui, dans un cadre verdoyant, avec ses toits plats faits de tuiles cannelées atténuant l'austérité des murs de lave et de basalte, semble plus une ville du haut Midi que la capitale touristique et commerciale de la haute Auvergne.

D'Aurillac, il faut voir la *vallée de la Cère*. Des stations estivales se sont implantées dans ce large et riant couloir : *Saint-Jacques-*

▲ *Vieilles maisons se mirant dans la Jordanne, lumière déjà méridionale, c'est Aurillac.*

tale de l'allergie », est la ville d'eaux la plus fréquentée de la montagne; par sa situation sur les rives de la Dordogne, à 850 m d'altitude, dans un site riant, c'est un centre climatique en plein essor. À 7 km en amont, *Le Mont-Dore*, « capitale mondiale de l'asthme », est située au creux d'une belle vallée peuplée de hêtres et de sapins, cernée presque de toutes parts par des montagnes et des coulées de lave figée.

Enfin, si le Cantal et l'Aubrac sont tout aussi riches en eaux thermales et minérales, les stations y sont plus rares. On ne trouve guère que *Vic-sur-Cère*, dont les eaux sont les plus minéralisées d'Auvergne, et surtout *Chaudes-Aigues*, « providence des rhumatisants », dont les sources sont les plus chaudes d'Europe (85 °C), ce qui explique qu'elles servent aussi à chauffer la ville. ∎

▲ *A la fois juchée sur une hauteur basaltique et étalée sur les bords du Lander, Saint-Flour.*

des-Blats, Thiézac, Polminhac, mais surtout *Vic-sur-Cère*, la plus importante, célèbre pour son établissement thermal; son vieux bourg serré autour de l'église ne manque pas de charme. Remontant la vallée de la Cère et franchissant le tunnel du Lioran, on débouche sur la *vallée de l'Alagnon*, rivière capricieuse appréciée des amateurs de kayak et des pêcheurs. Hospitalière et fertile en certains endroits, elle se resserre en d'autres pour former des gorges sauvages dominées par des éperons rocheux. La principale étape est *Murat*, ville riche d'histoire et important marché, nichée au pied du rocher de Bonnevie. Le cadre dans lequel elle s'est enchâssée, à la fois grandiose et tourmenté avec ses dykes et ses « orgues » basaltiques, rappelle de quelles convulsions est né ce sol. Ce que l'on tend à oublier lorsqu'on flâne dans la *vallée de Cheylade*, large et inondée de soleil. La Rhue y sinue au pied de fermes trapues accrochées à mi-pente; une cascade la rend turbulente un instant, puis elle atteint *Cheylade*, dont la voûte à panneaux peints de l'église vaut d'être vue.

De vallon en vallon, le paysage ne cesse de se renouveler, harmonie de roches, de verdure, d'eau et de lumière. Il est ainsi des circuits à l'infini : la *vallée du Goul*, celle de *Santoire*, celle aussi de la *Maronne*... Et il faudrait voir aussi, un à un, les plans d'eau qui cernent le massif : d'importants barrages ont été édifiés sur la plupart de ces rivières (près de 5 000 ha de lacs de retenue), que l'on a su intégrer au paysage sans le déparer.

Le monde des planèzes

Les eaux rayonnantes ont sculpté un relief varié : toute une suite de plateaux, ou planèzes, surfaces généralement découvertes, aux pentes douces, dont les bordures sont parfois semées de centres éruptifs, comme à l'est, près de Neussargues. Dans la partie occidentale du massif, les vallées, profondes et rapprochées, ne laissent émerger que de minces crêtes, parfois d'étranges tables basaltiques qui mettent à nu les coulées anciennes.

Sur un plateau plus dégagé que les autres, enserré entre la vallée de la Maronne, qu'il domine d'un à-pic de 300 m, et celle de l'Aspre, s'offre une petite merveille : dans un site d'herbages, émaillé de hameaux et de « burons », une ville surgit, *Salers*, telle que le Moyen Âge l'a élevée, avec son enceinte, ses logis de lave sombre, ses ruelles encaissées.

Vers le nord, les vallées s'espacent, les planèzes, plus vastes, sont le fief des pâturages. Accoté aux derniers contreforts du plomb du Cantal, entre la vallée de l'Alagnon et celle du Brezons, s'étale un grand plateau de 300 km², abrité par le Cantal, dépourvu de forêts, occupé par l'herbe. Les hommes y sont établis depuis longtemps; l'attestent tumulus et dolmens. À l'extrémité de la table basaltique se trouve *Saint-Flour*, qui a d'ailleurs donné son nom à la planèze. La vieille ville, juchée sur un escarpement découpé en « orgues », domine de plus de 100 m le confluent du Lander et du ruisseau de Lescure; elle a l'austérité des cités médiévales patinées par les siècles. La Renaissance puis le XVIIe siècle l'ont toutefois rehaussée d'architectures au goût du temps : décorations à l'antique, colonnes à torsades, escaliers à balustres. Groupée autour de la silhouette trapue de sa cathédrale de lave noire (XVe s.), cette ville haute témoigne de l'époque où Saint-Flour était capitale de la haute Auvergne, un rôle auquel la vouaient ses origines (elle s'était édifiée autour du tombeau de saint Florus qui avait évangélisé les hauteurs du Cantal) et qu'elle perdit au profit d'Aurillac à la Révolution. La maison consulaire (XVIe s.), le palais épiscopal (XVIIe s.), la collégiale Notre-Dame (XIVe s.) et divers hôtels particuliers offrent au visiteur une agréable promenade dans le passé. De la terrasse des Roches, sise sur les remparts, on découvre, outre un beau point de vue sur la Margeride et la vallée du Lander, le nouveau visage de Saint-Flour : une ville moderne qui s'étale en contrebas et qui, par sa situation, est déjà devenue la capitale de l'Est cantalien.

L'Auvergne des volcans. 19

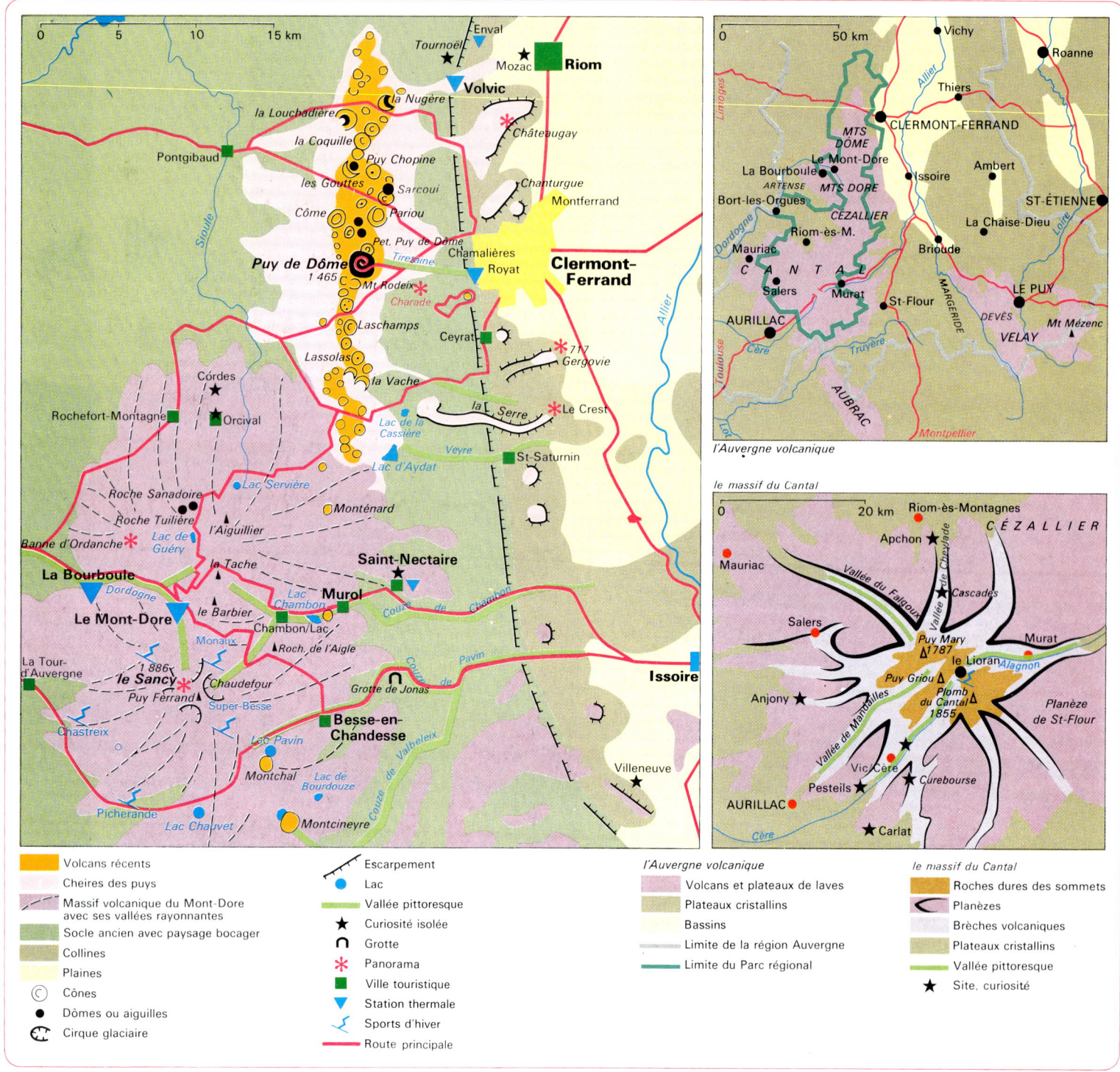

Des fromages très prisés

En cette terre de volcans, la production fromagère française a acquis quelques-unes de ses lettres de noblesse, et non des moindres :
— le *bleu d'Auvergne* (vache) : pâte persillée dont l'apparence, due à la moisissure *Penicillium glaucum*, n'est pas sans rappeler celle du roquefort. Au minimum, 40 p. 100 de matières grasses (région du Mont-Dore);
— le *saint-nectaire* (vache) : pâte demi-dure fabriquée dans les monts Dore depuis dix siècles. La cour de Louis XIV en fut très friande et fit sa renommée. L'affinage s'effectue en grande partie dans des caves de Clermont-Ferrand, vieilles caves de tuf volcanique qui, jadis, servirent à la conservation des vins. (Il s'agit d'un fromage d'appellation d'origine, 1957.) Au minimum, 45 p. 100 de matières grasses;
— le *murol* (vache) : pâte demi-dure dérivée du saint-nectaire. Le fromage se présente comme un cylindre aplati percé d'un trou en son milieu. 45 p. 100 de matières grasses;
— la *fourme de Rochefort* (vache) : fromage fermier onctueux, fabriqué avec du lait de la région de Rochefort-Montagne. Il se conserve difficilement;
— le *bleu de Laqueuille* (vache) : pâte persillée née de l'introduction d'une moisissure bleue dans la fourme de Rochefort (1850). 45 p. 100 de matières grasses. Forme cylindrique;
— le *cantal* (vache) : pâte demi-dure, à croûte séchée. C'est le plus ancien de nos fromages; au dire de Pline l'Ancien, il fut très apprécié à la cour de Rome. Aujourd'hui, le cantal est traditionnellement fabriqué dans les burons qui parsèment les montagnes d'estivage, lors de la période de transhumance. Il se présente en cylindres d'environ 35 kg. 45 p. 100 de matières grasses au minimum. Les cantals fabriqués dans les laiteries modernes (laitiers) ou dans les fermes (fermiers) n'égalent pas en qualité celui de haute montagne.

Ces fromages réputés entrent dans la composition de nombreux plats locaux, tels :
— la *patranque* : mie de pain imbibée de lait, cuite avec du beurre et du fromage;
— l'*aligot* : un plat onctueux préparé avec une purée de pommes de terre laquelle on ajoute de la tome fraîche (cantal ou laguiole-aubrac frais);
— la *truffade*, succulent mélange de pommes de terre cuites écrasées, de lardons fondus et de « tome » (le cantal qui n'a pas encore été pressé), le tout bien doré et servi chaud;
— le *soufflé au bleu d'Auvergne*; on incorpore dans la sauce de préparation (tiède) du bleu écrasé à la fourchette. ■

20. L'Auvergne des volcans

les gorges de la Dordogne et le Limousin

Poètes des Temps modernes,
les constructeurs de barrages
font naître des sites tout aussi attrayants
que les paysages naturels.

◀ *Au débouché
des gorges de la Dordogne,
Argentat et ses
toits de lauzes.*

Au saut de la Saule, ▲
*la Rhue se faufile
entre les rochers
pour rejoindre la Dordogne.*

◀ *L'abondante cascade de Murel
franchit un ressaut rocheux
au cœur d'un agréable sous-bois.*

▲ *Enchâssée dans une épaisse verdure,
la retenue de Marèges
au site de Saint-Nazaire.*

Gorges de la Dordogne.

Encapuchonnées de végétation, les colonnes de basalte des orgues de Bort.

4. Gorges de la Dordogne

*Domestiquée sur plus de 100 km
par de grands barrages,
la Dordogne apaisée emplit aujourd'hui les gorges étroites
qu'elle creusa jadis dans
le vieux socle de pierre du Massif central.*

Grâce au barrage du Sablier, ▲
*le château du Gibanel
se mire désormais dans la Dordogne.*

Incisées par des rivières impétueuses
dans des plateaux dénudés
balayés par les vents,
les vallées, abritées,
verdoyantes et fertiles,
étaient jalonnées d'ouvrages défensifs,
tours, remparts, villages fortifiés,
nids de pillards ou châteaux féodaux.

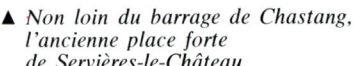

▲ *Non loin du barrage de Chastang,
l'ancienne place forte
de Servières-le-Château.*

Dans une gorge encaissée et boisée, ▶
*vestiges d'une forteresse féodale :
les tours de Merle.*

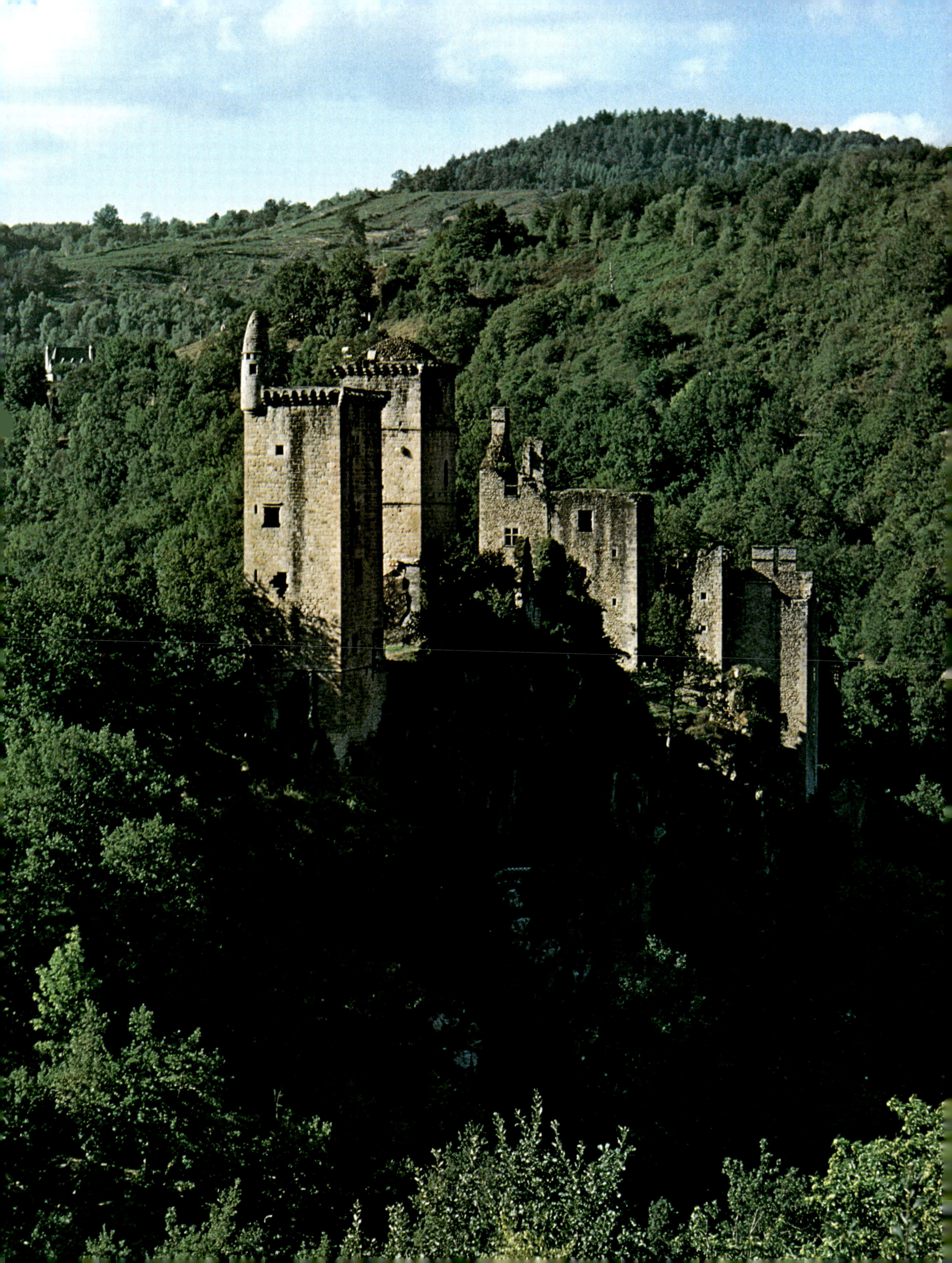

▲ *Une tour carrée à échauguette
ennoblit le vieux castel
de Maussac.*

Flanqué de deux tours rondes, ▲
*l'ancien hôtel
de la Ramade de Friac.*

8. Gorges de la Dordogne

*Dans le bas Limousin, parmi les vignes et les noyers, Collonges « la Rouge »,
une bourgade médiévale dont les portes fortifiées,
les passages voûtés, les vieux logis, l'église romane
et les gentilhommières sont bâtis dans le même grès pourpre.*

Le nouveau lac de Bort ▶
*n'a pas englouti l'ancien nid d'aigle de Val,
mais le château a désormais les pieds dans l'eau.*

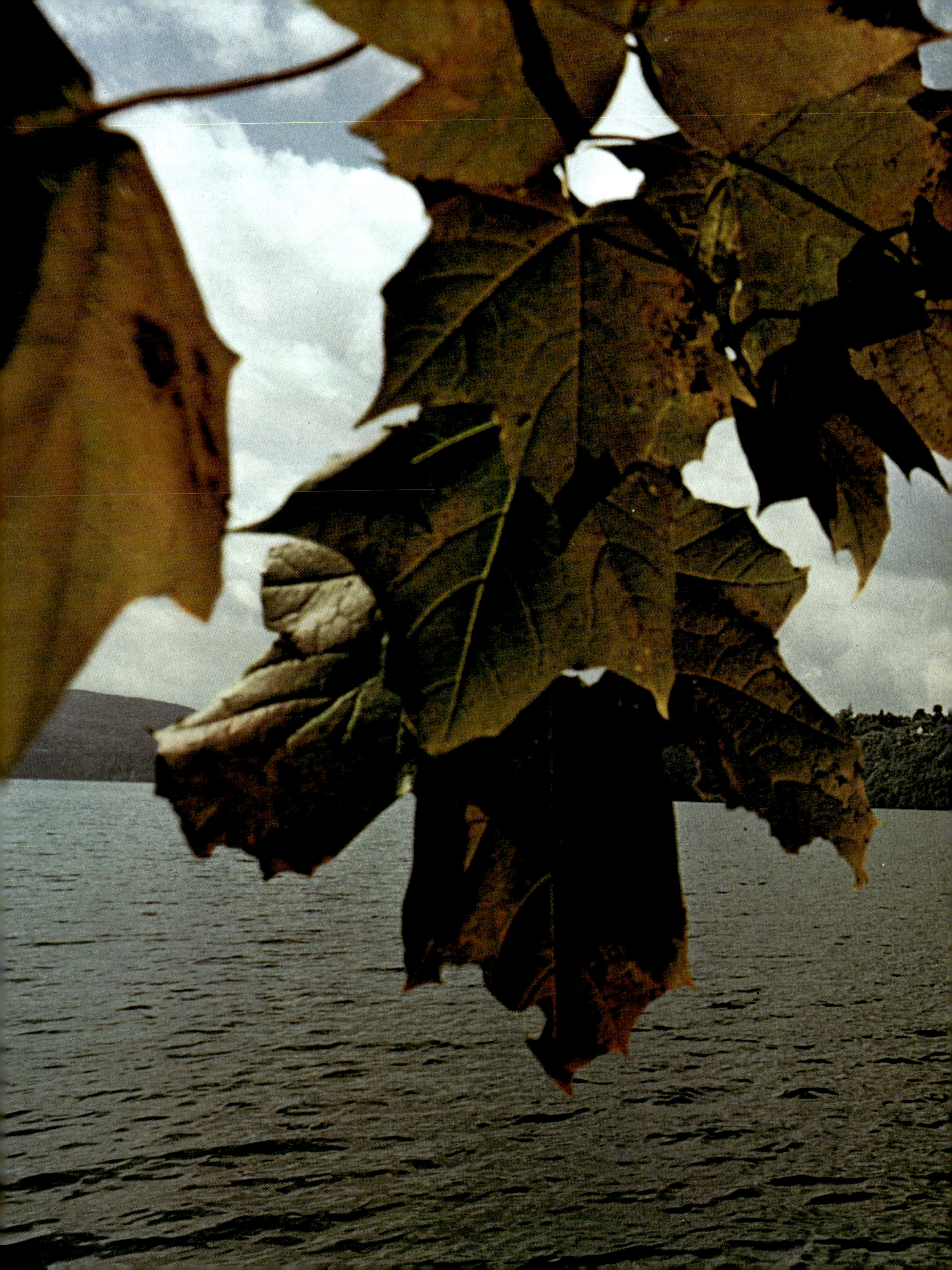

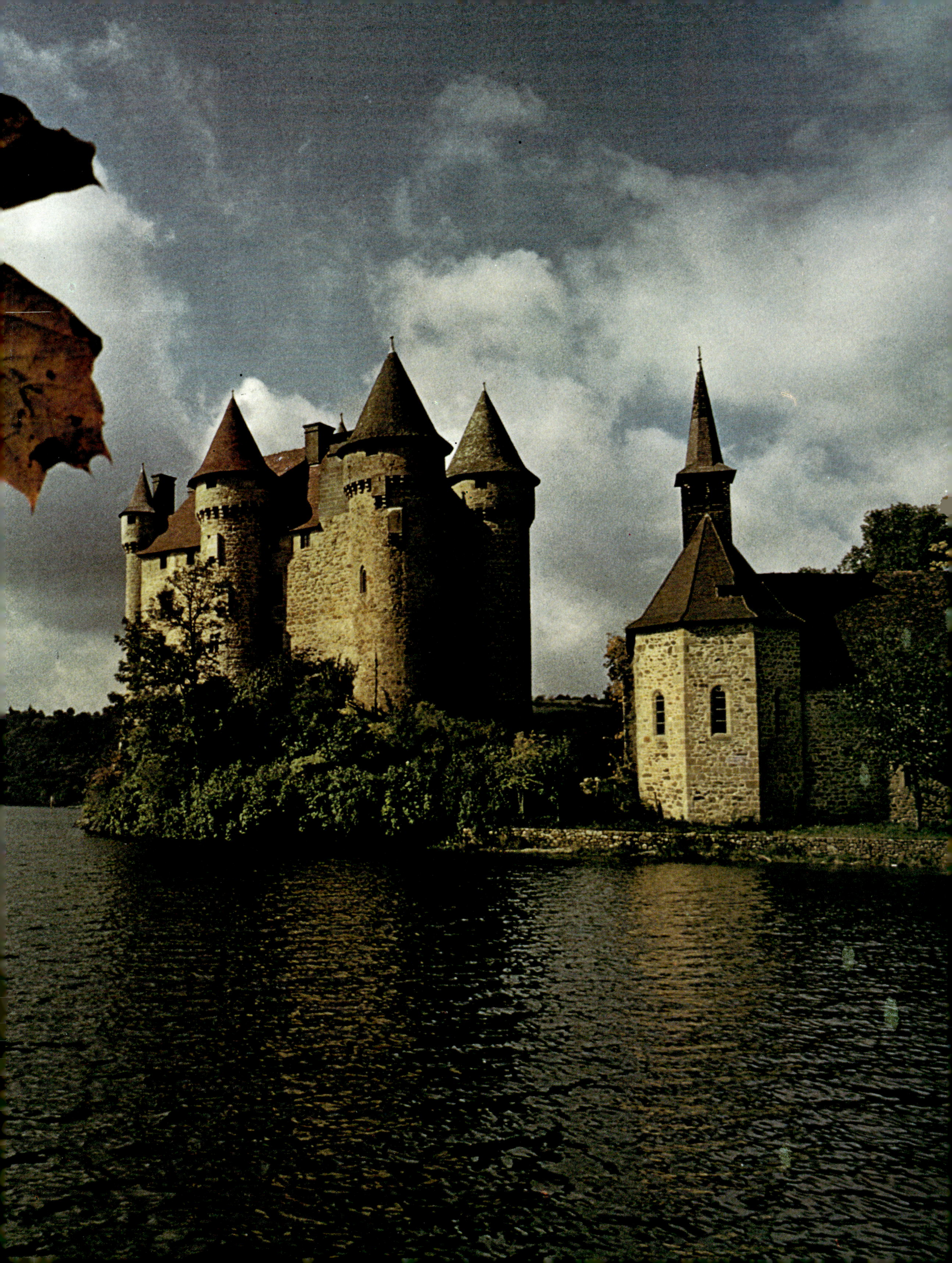

▲ *La crête du barrage de Bort,
qui fait de la fougueuse Dordogne
un lac aux eaux tranquilles.*

𝓐u centre de la France, à l'ouest du Massif central, un grand plateau usé par l'érosion s'adosse aux volcans éteints de l'Auvergne : le Limousin. Au milieu, « la Montagne », aux formes bien émoussées, mais balayée par les vents froids et enfouie quatre mois par an sous une épaisse couche de neige, est une région rude et austère, aux landes constellées d'étangs et cisaillées par un enchevêtrement de ruisseaux et de rivières. De part et d'autre, les plateaux sont moins élevés. Ceux du haut Limousin, au nord-ouest, parsemés de bocages, se consacrent surtout à l'élevage, alors que ceux du bas Limousin, au sud, ont déjà quelque chose de méridional.

Ce « pays vert et mouvant, silencieux et profond [...], rempli d'ombres puissantes et tout mouillé d'eaux vives » (Jérôme et Jean Tharaud), où l'on trouve aussi bien la truite que l'écrevisse, le cèpe que la fraise, est une terre de contrastes. Entre les vastes herbages où paissent vaches et moutons serpentent des gorges boisées, sauvages, creusées dans la roche dure par des rivières opiniâtres. Nos ancêtres les avaient jalonnées de châteaux et de remparts. Le XXe siècle les a coupées d'énormes barrages, submergeant routes et hameaux, mais créant des lacs immenses qui ajoutent encore à la beauté des sites. La plus spectaculaire de ces réalisations est celle qui, dans le bas Limousin, a réussi à domestiquer, pour lui faire produire de l'électricité, la puissante, la prodigieuse Dordogne.

Une énorme force longtemps inemployée

Issue d'un chaos de volcans ruinés, la minuscule Dore, vite grossie de la Dogne, a déjà un tempérament de pur-sang lorsqu'elle quitte le paysage tourmenté du puy de Sancy. Accompagnée d'un cortège éblouissant de cascades et de chutes, elle est la Dordogne quand elle entre au Mont-Dore, et, si elle s'assagit derrière le modeste barrage de La Bourboule, ce n'est qu'un répit.

Très vite elle s'ébroue et, avant de quitter l'Auvergne, fait quelques cabrioles dans les pittoresques *gorges d'Avèze,* entre deux murailles boisées hérissées de rochers. Elle s'attaque ensuite aux rugueux granites du Limousin, en suivant la plus grande faille de France, qui va des gorges de la Sioule, au nord, à celles de l'Aveyron, au sud.

Pendant des siècles — presque jusqu'à notre époque —, le spectacle des gorges de la Dordogne fut réservé aux poètes et aux pêcheurs. Dans ces plateaux peu accessibles, la rivière irrésistible avait creusé une tranchée profonde, sinueuse, et se ruait en écumant vers la plaine qu'on devine là-bas, très loin, du côté d'Argentat : 125 km parcourus au galop, dans un paysage sauvage, en s'enflant au passage des torrents descendus des hauts plateaux.

Un jour, des rêveurs d'un type nouveau découvrirent la Dordogne. Ceux-là ne s'intéressaient ni aux formes, ni aux couleurs, ni aux senteurs. Ne songeant qu'aux chiffres et aux kilowatts, ils comprirent qu'une énorme force inemployée roulait en grondant au fond du canyon. La ruée vers la houille blanche commença. Machines et hommes s'attroupèrent. On dressa des camps, on coula des tonnes de béton, on construisit des routes, on submergea les gorges. D'un coup de baguette, le progrès bouleversa les sites que la nature avait mis des millions d'années à édifier.

Le plus étonnant de l'affaire est que, si l'apparition de barrages monumentaux, de lacs immenses, de routes nouvelles et audacieuses transforma radicalement le paysage, elle ne détruisit pas l'harmonie des lieux : elle en créa une autre. Et cette contrée ignorée, inaccessible, devint une magnifique région touristique.

La haute vallée de la Dordogne se présente maintenant comme un gigantesque escalier d'eau qui étale et étire ses énormes lacs derrière cinq grands barrages, complétés par une quinzaine d'installations hydroélectriques sur les affluents (Rhue, Diège, Triouzoune, Doustre, Maronne, Cère). Au total, une production annuelle de quelque 2,5 milliards de kilowatts-heures, soit 5 p. 100 de la production hydraulique de notre pays. C'est l'un des rares exemples connus d'une industrie améliorant le bien-être des hommes sans nuire à leur environnement.

De Bort-les-Orgues à Marèges

Pièce maîtresse de l'aménagement hydroélectrique de la Dordogne, le barrage de Bort-les-Orgues — le premier de la série, à la limite du Cantal et du haut Limousin — est une prouesse technique : ses 650 000 m³ de béton sont ancrés sur une roche fragile, friable, qui a nécessité des travaux de consolidation considérables. À quelque chose malheur est bon : ces travaux ont rendu les rives parfaitement étanches, ce qui est très rare.

Situé à 542 m d'altitude, le barrage, du type poids-voûte, a 120 m de hauteur, 80 m d'épaisseur à la base et 390 m de longueur de crête. Il retient entre les flancs de la vallée quelque 477 millions de mètres cubes d'eau, formant un lac de 17 km de long.

En période de pluie ou à la fonte des neiges, lorsque l'apport des torrents en crue élève exagérément le niveau des eaux, l'évacuation se fait par un double déversoir en saut de ski, formant deux chutes spectaculaires. On retrouve d'ailleurs ce dispositif sur la plupart des grands ouvrages de la région. Si le niveau est au contraire trop bas, une conduite forcée, longue de 12 km, apporte à la retenue l'appoint des eaux de la Rhue, qui se déversent normalement en aval.

Gorges noires et houille blanche aux portes du Limousin

À l'est du Limousin, en Auvergne, des rivières ont également creusé dans le granite des gorges étroites, sinueuses et pittoresques, que des barrages ont, par endroits, transformées en lacs.

Au nord de la chaîne des Puys, c'est la *Sioule*, un affluent de l'Allier, qui, vers l'amont, s'enfonce dans le sol. Lorsqu'on la remonte à partir d'Ébreuil, la route a du mal à la suivre. Elle commence par s'accrocher en corniche, puis descend dans la gorge de *Chouvigny*, passe au pied du château restauré et du village perché, isole un magnifique belvédère, le *roc Armand*, qu'un escalier taillé dans la pierre permet d'escalader, se faufile dans un tunnel, grimpe le long de la muraille rocheuse. Le site est sauvage, rocailleux, puis les versants deviennent plus verdoyants, et l'on arrive à la petite station thermale de *Châteauneuf-les-Bains*. On y soigne ses rhumatismes et l'on y fait de belles promenades : au *barrage de Queuille*, dont la retenue a fait remplir à la Sioule les *méandres de Queuille*, hérissés de roches déchiquetées ; au *viaduc des Fades*, le plus élevé de France, qui domine la rivière de 133 m ; au *barrage de Besserve*, dont la retenue de 300 ha endigue la Sioule sur 12 km et son affluent le Sioulet sur 14 km ; à la *chartreuse de Port-Sainte-Marie*, dont les ruines solitaires se dressent au fond d'un vallon boisé.

Au sud des monts du Cantal, c'est à la Truyère, un affluent du Lot, que les hommes font produire, bon an

▲ *Dans les gorges de la Sioule, une forteresse restaurée, le château de Chouvigny.*

Vus du haut des orgues de Bort, les méandres de la Dordogne
▼ *en amont du barrage de Marèges.*

L'usine, construite au pied du barrage et équipée de deux groupes de 100 000 kW et d'un groupe de 23 000 kW, permet une production annuelle de 350 millions de kilowatts-heures, dont une partie est dirigée vers la région parisienne.

Les poètes n'ont cependant pas perdu leurs droits sur la région. En aval du barrage, la petite ville de *Bort-les-Orgues* est dominée, sur près de 2 km, par une coulée de lave verticale, qui s'est fendillée en se refroidissant et a pris la forme de tuyaux hauts de 80 à 100 m : ce sont les *orgues de Bort*. Si la fantaisie vous prend de grimper au sommet de ces prismes basaltiques, à 769 m d'altitude, vous découvrirez un immense paysage où s'étalent la vallée de la Dordogne, le Cantal tout entier et les monts Dore. Au sud-est, on aperçoit, dans une cuvette aux pentes boisées, le petit lac de Madic — tout ce qui reste d'un ancien lit de la Dordogne — et les ruines de son château.

Le lac de Bort a épargné le délicieux *château de Val*, dont l'éperon rocheux s'est transformé en îlot. Construit au XVe siècle par les seigneurs d'Estaing, il est flanqué de cinq tours coiffées en poivrière. Une minuscule jetée y conduit et, l'été, il est illuminé tous les soirs. À l'intérieur, on admire les escaliers audacieux et les cheminées Renaissance, on visite le chemin de ronde et les expositions artistiques qui sont régulièrement organisées dans ce cadre prestigieux. Au pied des murailles, une belle plage et un club de voile, reliés au barrage par un service de vedettes, permettent aux amateurs de sports nautiques de profiter des 1 400 ha du plan d'eau.

Gorges de la Dordogne.

mal an, un milliard et demi de kilowatts-heures. Aucune route ne suit le cours tourmenté de ses profondes gorges, aux flancs abrupts, alternativement boisés et rocailleux, mais les belles échappées sur ce gigantesque escalier d'eau ne manquent pas.

L'élégant *viaduc de Garabit*, construit par Eiffel peu avant sa célèbre tour, enjambe la première retenue, due au barrage de *Grandval*, magnifique ouvrage à voûtes multiples, long de 400 m et haut de 85 m. Sur le bord du lac artificiel, dont les méandres s'étendent sur 28 km, les ruines romantiques du *château d'Alleuze* dominent encore l'eau de 30 m. La « marche » suivante, provoquée par le *barrage de Lanau*, est plus modeste, mais celle qui la suit bat un record de longueur : 35 km, dus au 105 m de hauteur du colossal *barrage de Sarrans*; le pont suspendu de Tréboul et le belvédère du Vezou offrent de magnifiques points de vue sur cet immense réservoir. Après le petit *barrage de la Cadène*, tout proche de Sarrans, le *barrage de Couesque* retient encore 56 millions de mètres cubes d'eau, et un ultime ouvrage, le *barrage de Cambeyrac*, joue un rôle régulateur. ■

Préhistoire en bas Limousin

Au début de l'âge de la pierre taillée, dès le paléolithique inférieur, des tribus d'hommes primitifs se fixèrent dans la région de Brive, soit dans les vallées (Malemort-sur-Corrèze, Ussac), soit sur les hauteurs (Yssandon). Des centaines de milliers d'années plus tard, le climat s'étant refroidi pendant les périodes moustérienne et magdalénienne, les hommes se réfugièrent dans les grottes. C'est dans l'une d'elles, à La Chapelle-aux-Saints, près de Beaulieu-sur-Dordogne, que les frères Bouyssonie mirent au jour, en 1908, un squelette du type de Neandertal qui resta longtemps le plus ancien spécimen d'homme découvert en France. Il était entouré de nombreux outils de pierre, ainsi que d'os de renne, de bison et d'autres animaux, prouvant l'existence d'un rite funéraire. Dans beaucoup de grottes de la région, notamment dans celles de Bos-del-Ser et de Sous-Champ, et dans la grotte Lacoste, on a trouvé en grand nombre des armes et des outils.

Dès l'époque néolithique (âge de la pierre polie), les hommes sortirent des cavernes, et on a retrouvé de nombreux témoignages de cet âge, ainsi que de celui des métaux : bracelets en or de Meymac, monuments comme le cromlech du puy de Pauliac, les dolmens et les menhirs de Seilhac et d'Espartignac, ou les enceintes fortifiées du puy du Tour et de la roche de Vic.

L'exploration systématique des grottes de la région a permis d'aménager un certain nombre d'entre elles pour la visite touristique, mais il est certain que beaucoup de richesses souterraines sont encore ignorées. ■

Le dernier tortillard

Il était une fois un petit train que regardaient passer les vaches. On l'appelait le « Transcorrézien ».

Il partait gaiement de Tulle, au

Quand l'homme façonne la nature à son gré : la retenue du barrage de l'Aigle.
▼ *vue du pont de Vernéjoux.*

Deuxième marche de l'escalier géant, le barrage de Marèges fut cependant le premier construit (1935), sur l'initiative de la Compagnie du chemin de fer Paris-Orléans, qui cherchait déjà à faire des économies de combustible.

Barrage-voûte haut de 90 m, épais de 19 m seulement à la base et long de 247 m à la crête, ne retenant que 40 millions de mètres cubes d'eau et produisant néanmoins 345 millions de kilowatts-heures par an, il doit son nom au château voisin, dont la silhouette grise est entourée de sévères sapinières. En amont, sur la rive droite, le *site de Saint-Nazaire* — un promontoire escarpé, couvert de bruyères et couronné d'un calvaire et d'une statue du saint, but d'un pèlerinage annuel — offre un impressionnant panorama sur les gorges boisées de la Dordogne et de la Diège. Ici, la présence de l'homme ne se manifeste que par une usine électrique, alimentée par un barrage sur la Diège, et par un château restauré, *Anglars*, planté sur un rocher à 250 m au-dessus de la rivière.

Un autre observatoire domine la région : le *puy de Manzagol* (équipé d'une table d'orientation, comme tous les sommets environnants). On y découvre le *barrage de Neuvic*, sur la Triouzoune, dont le mur de 27 m a transformé une turbulente rivière à truites en un réservoir de 23 millions de mètres cubes, prêt, en cas de besoin, à apporter son appoint, grâce à une conduite forcée, au barrage de l'Aigle. Les eaux du lac de Neuvic sont donc employées deux fois, puisque l'usine voisine de la Triouzoune produit annuellement 56 millions de kilowatts-heures. D'autre part, ce plan d'eau, extrêmement agreste, est devenu un centre de ski nautique et le siège d'une école de voile réputée.

Du haut du puy de Manzagol, on aperçoit à l'ouest, sur une hauteur, les ruines du *château de Ventadour*, qui dominent la Luzège. Les vestiges grandioses de cette puissante forteresse médiévale évoquent non seulement des péripéties guerrières, mais aussi les mémorables cours d'amour qu'animait le plus célèbre troubadour du XIIe siècle, Bernard de Ventadour, qui fut l'un des grands poètes de la langue d'oc. Les ruines ne sont accessibles que par un petit sentier qui grimpe dans la rocaille, et la situation du château est telle qu'un duc de Ventadour, Louis Charles de Lévis, pair de France, déclara un jour à Louis XIV : « Sire, toute la paille de votre royaume ne comblerait pas mes fossés de Ventadour ! »

L'Aigle, Chastang et le Sablier

Pour gagner le barrage de l'Aigle, l'un des plus spectaculaires du monde, on emprunte la magnifique *route touristique des Ajustants*, qui rejoint la Dordogne au château de Charlanne. Le belvédère de Gratte-Bruyère offre un splendide panorama sur le confluent de la Samène, où la retenue, resserrée entre les flancs boisés de la vallée, ressemble à un fjord, puis la route, taillée en corniche, longe la rive droite sur plus de 20 km, jusqu'au pont suspendu de Saint-Projet qui a remplacé un pont de pierre noyé sous les eaux en même temps qu'un couvent, une chapelle et un hameau.

Le barrage de l'Aigle fut mis en service en 1945. Il est ancré à un promontoire colossal, haut de 300 m, qui étrangle la vallée, et entouré d'épaisses forêts de châtaigniers. Avec ses 240 000 m³ de béton, ses 95 m de hauteur, ses 289 m de développement, sa retenue de 230 millions de mètres cubes, longue de 25 km, et ses sauts-de-ski capables, en période de crue, de débiter 4 t d'eau à la seconde, l'ouvrage est assurément digne de ce site grandiose, qu'il complète et magnifie. Au pied du géant, la rivière domptée s'écoule paisiblement dans la vallée d'Aynes, le village construit pour loger les hommes qui réalisèrent cette prouesse technique.

Le barrage du Chastang, qui forme la quatrième marche de l'escalier monumental, est édifié dans un cadre moins sauvage et moins tourmenté. En passant par le barrage de la Valette, qui emprisonne le Doustre frissonnant de truites, et en prenant la route en lacet qui descend dans la vallée à partir de Saint-Martin-la-Méanne, on découvre d'un seul coup d'œil l'immense réservoir de 180 millions de mètres cubes, étalant ses larges sinuosités sur 32 km et venant buter sur la masse imposante du barrage : 85 m de hauteur, 300 m de

14. Gorges de la Dordogne

petit matin, pour gagner les hauteurs de Neuvic, couvrant 70 km en une bonne matinée.

Crachant, suant, soufflant et s'époumonant de la chaudière, sa locomotive — baptisée la *Libellule* — traînait parmi les bruyères et les marguerites son unique wagon, mi-marchandises, mi-voyageurs, dans lequel on installait en hiver un énorme poêle. Quand il faisait beau, le mécanicien s'arrêtait pour cueillir des champignons dans une clairière ou pour dire bonjour à un ami. Quand il faisait froid, il donnait un certain nombre de coups de sifflet en arrivant en vue de Lapleau, entre Saint-Merd et Saint-Pantaléon : c'était pour indiquer à la patronne du café combien elle devait préparer de vins chauds.

Ce petit train était un ami, il faisait partie du paysage. Mais une entreprise aussi poétique ne pouvait pas durer longtemps. Un jour, un monsieur de Paris chaussa ses bésicles et se mit à faire des comptes, comme si la *Libellule* avait des comptes à rendre à qui que ce fût! Sa suppression n'en fut pas moins décidée.

Pendant sept ans, ses « supporters » luttèrent pour empêcher l'irréparable. En vain. En 1960, on arracha les rails, on vendit l'adorable petite machine à la ferraille et on ferma le splendide viaduc de Rochenoire, sur la Triouzoune, un ouvrage d'art digne d'un rapide.

Depuis, mille vaches meurent d'ennui entre Saint-Bonnet-Avalouze et Neuvic, et la gracile fougère envahit le chemin tortueux que suivait le petit train.

N'en parlons plus. ■

▲ *C'est une Dordogne apprivoisée qui baigne aujourd'hui les quais d'Argentat.*

Au carrefour bocager du Puy-de-Dôme, du Cantal et de la Corrèze, le lac-réservoir de Bort.
▼ *(Site de la Vie et château de Val.)*

longueur à la crête et une production annuelle record de 540 millions de kilowatts-heures.

À partir du barrage du Chastang, on devine que la plaine est proche. Certes, les pentes sont encore abruptes, les virages brusques et les rochers puissants, la forêt est toujours dense et l'eau tourbillonnante, mais une ambiance plus douce, plus sereine, baigne la route longeant la Dordogne retrouvée, qui roule en grondant vers Argentat.

On commence à oublier les reliefs rudes pour retrouver les courbes. Après le bijou roman qu'est l'église minuscule de *Glény*, au curieux clocher à peigne, après le village neuf des techniciens du barrage, plaqué contre la colline, on découvre avec ravissement la silhouette grise du petit château du *Gibanel*, piqué, avec ses deux grosses tours carrées, au confluent du Doustre, sur une presqu'île qui est devenue un centre touristique important, doté d'un terrain de camping géant, d'une piscine et d'une école de voile.

La dernière marche de l'escalier est moins spectaculaire que les autres : le barrage de compensation du Sablier, formé de cinq piles-usines, n'a que 35 m de haut, et son aspect modeste fait oublier les tourments de la montagne et la furie des eaux glacées. En le découvrant, on découvre en même temps la douce, la calme, la charmante petite ville d'Argentat.

Argentat, « une boucle d'améthyste à la ceinture de la France »

Ce qui surprend le plus dans l'enchevêtrement de maisons, de flèches, de tourelles, de balcons, de poivrières, de tours et de pignons qui borde les quais d'Argentat, c'est l'aspect des toitures : la plupart sont faites de lauzes, des pierres plates, très lourdes, qui ressemblent à des écailles et donnent au moindre logis un petit air de manoir.

Ces toits confèrent un cachet particulier au bourg que la Dordogne, devenue une large et belle rivière, baigne de ses eaux encore rapides. On s'attend presque à voir surgir les gabariers qui, jusqu'au siècle dernier, descendaient le courant sur leurs barques plates pour aller livrer planches, échalas, châtaignes et fromages aux vignerons de Bergerac, de Libourne et de Bordeaux.

Argentat, que Marcelle Tinayre comparait à « un bijou de style ancien, à la fois rustique et noble, une boucle d'améthyste à la ceinture de la France », est située aux confins des hauts plateaux et à l'orée de la plaine, au centre d'une région hautement touristique.

Vers l'est, lorsqu'on remonte les premiers kilomètres de la Maronne, qui se jette dans la Dordogne en aval de la ville, on ne se doute pas que le paysage vallonné et verdoyant qui borde le petit torrent va se resserrer brusquement après le barrage de Hautefage, le

Gorges de la Dordogne. 15

▲ *Dominant tout le bas Limousin,
la Roche de Vic,
au sommet encombré
de gros blocs granitiques.*

*Ocrée comme la terre
que travaillent ses potiers,*
▼ *une des tours médiévales de Meyssac.*

Noix, châtaignes, cèpes et truites

En dehors de l'élevage et d'heureuses exceptions comme les fraises de Beaulieu et les fruits du verger de Brive, les principales contributions du Limousin à la gastronomie sont les noix, les châtaignes, les champignons ... et les truites.

On évalue à 10 000 t environ la production annuelle de noix dans le bas Limousin. Deux variétés reines se partagent le marché : la corne et la marbot.

Les châtaignes sont le produit le plus répandu, et elles sont surtout consommées sur place, blanchies ou « recallées » (cuites à l'estouffade dans une grande marmite, sur un fond de pommes de terre ou de raves qui les empêche d'attacher).

dernier d'un complexe de trois ouvrages comprenant, vers l'amont, les barrages du Gour-Noir et d'Enchanet. La route s'élève alors rapidement au-dessus de gorges inattendues, et on découvre un étonnant panorama sur les lointains monts du Cantal.

Mais cette promenade réserve une autre surprise. À la sortie d'un virage, à la limite du Limousin et de l'Auvergne, surgissent soudain les *tours de Merle*, fichées au centre d'un large et sauvage cirque boisé. Sur un éperon baigné par un méandre de la Maronne se dresse un ensemble impressionnant de ruines féodales, dont les plus anciennes datent du XIIe siècle et les plus récentes de la Renaissance. Il est préférable de contempler cette féerie de loin. Ces nids d'aigle, auxquels on ne peut accéder que par un escalier taillé dans le roc, sont d'un abord tellement difficile que les Anglais, qui occupèrent la région durant la guerre de Cent Ans, ne purent en venir à bout. Il fallut attendre l'apparition de l'artillerie, facile à installer sur les rochers d'en face, pour chasser de ces repaires leurs redoutables occupants, qui tenaient davantage du brigand que du seigneur.

Au nord d'Argentat, l'ancienne place forte de *Servières-le-Château* — qui doit son nom à la résidence des familles de Turenne et de Noailles, transformée en préventorium — domine les étroites gorges de la Glane, leurs sapins et leurs rochers abrupts, tandis que le bourg voisin de *Saint-Privat*, groupé autour de la grosse tour carrée de son église, est construit sur un plateau, parmi les bois et les landes.

Vers l'ouest, la route qui longe la voie du chemin de fer d'intérêt local reliant Argentat à Tulle par la vallée de la Souvigne conduit à la *cascade de Murel*, qui bouillonne parmi les roches et la verdure, et surtout à la célèbre *roche de Vic*, une étrange colline nue, haute de 636 m. Du sommet, on découvre un vaste panorama : au nord, les Monédières; au sud, les Causses du Quercy, que la Dordogne aborde après avoir reçu la Cère, une autre rivière tumultueuse qui se taille des gorges magnifiques, délaissées par la route, mais suivies acrobatiquement par le chemin de fer depuis l'imposant barrage de Saint-Étienne-Cantalès et le village de Laroquebrou, dominé par les ruines de son château.

Le curé mélomane

Après Argentat, la Dordogne commence à flâner. Ses méandres s'élargissent, elle paresse au milieu des prairies, s'attarde au long des cultures. Qu'elle en profite! L'E. D. F. n'a pas dit son dernier mot, et il se pourrait que, dans un avenir prochain, de nouveaux barrages viennent utiliser les derniers mètres de dénivellation de la rivière.

C'est à une allure de promenade qu'elle aborde *Beaulieu-sur-Dordogne*, dernière agglomération de son parcours limousin, un

Naturellement, sous les châtaigniers (et sous les chênes), on trouve des champignons, comestibles ou non. Il existe des ramasseurs professionnels, dont les cueillettes quotidiennes de girolles ou de cèpes sont collectées par des grossistes et expédiées par tonnes vers la capitale.

Quant à la truite, c'est la reine des eaux vives et froides issues de la Montagne. Plus petite et plus nerveuse que sa cousine de Normandie, la truite fario limousine dépasse rarement le kilo. La pêche la plus pratiquée est la pêche dite « au coup ». Suivant le temps et l'état des eaux, les naturels utilisent soit le ver rouge de terreau (l'asticot est formellement interdit), soit la sauterelle, alors que les sportifs restent fidèles à la mouche artificielle. ■

▲ *Les maisons de Turenne, ancien fief du célèbre maréchal, s'étagent au pied du château en ruine.*

Chef-d'œuvre de l'art roman limousin, le portail méridional de l'église Saint-Pierre,
▼ *à Beaulieu-sur-Dordogne.*

pittoresque bourg médiéval dont les ruelles sinueuses convergent vers l'église Saint-Pierre. Cette ancienne abbatiale, édifiée au XIIe siècle par les moines de Cluny, possède un portail sculpté qui est un des premiers joyaux du style roman (1125).

Située entre Beaulieu-sur-Dordogne et Brive-la-Gaillarde, la rutilante *Collonges* est une petite cité de grès écarlate, sertie dans la verdure. Interdite aux voitures, la ville fortifiée est une sorte de musée en plein air, dominé par un clocher roman du XIIe siècle. Celui-ci recèle un haut-parleur diffusant de la musique classique selon l'humeur du curé, qui est aussi couvreur, serrurier, forgeron et maçon. Avec ses échauguettes, ses portiques romans, sa gentilhommière et ses castels aux murs envahis par la vigne, ce village de 375 âmes est l'un des plus pittoresques du Limousin.

Rouge aussi, la « terre de Collonges » se prête admirablement à l'art antique de la poterie. La petite ville voisine de *Meyssac* abrite de nombreux ateliers de potiers, dans lesquels le touriste amateur de terres cuites n'a que l'embarras du choix.

À deux pas de là, le village de calcaire blanc de *Turenne,* qui fut, jusqu'au XVIIIe siècle, la capitale d'une vicomté quasi indépendante, est étagé au flanc d'une colline, sous les deux donjons de son château en ruine. Si la tour du Trésor est carrée, la tour de César est ronde, et le piton rocheux sur lequel elle est bâtie double sa hauteur. Du sommet, on domine les vieilles maisons — pour la plupart du XVe et du XVIe siècle — qui se pressent au pied du château, et la vue porte jusqu'aux monts du Cantal. Durant tout le Moyen Âge, les vicomtes de Turenne furent de véritables souverains, administrant un fief vaste et puissant, mais c'est au XVIIe siècle que vécut le plus célèbre d'entre eux : Henri de La Tour d'Auvergne, plus connu sous le seul nom de Turenne, le fameux maréchal que Louis XIV fit ensevelir à Saint-Denis, aux côtés des rois.

En remontant vers le nord, on découvre de nombreuses curiosités souterraines. Si l'*abîme de la Fage,* aux splendides concrétions rouges, est dû au seul travail de la nature, les grottes de la région furent en partie creusées par les hommes : grottes de Noailles et surtout de Lamouroux, véritable village troglodytique comprenant plus de quatre-vingts pièces étagées sur cinq niveaux; grottes-chapelles de Saint-Antoine, aménagées en sanctuaires où le grand saint Antoine de Padoue venait, dit-on, prier lorsqu'il fonda, en 1226, un couvent au bord de la Corrèze, à Brive.

Brive-la-Gaillarde (surnom dû, dit-on, à sa vaillance lors des nombreux sièges qu'elle eut à subir) occupe le centre d'un bassin riant et fertile. Au printemps, c'est un immense verger en fleurs, offrant à l'œil une merveilleuse palette, et ce n'est pas le moindre paradoxe de cette région que d'offrir, à côté des châtaignes et des noix de ses plateaux, des fraises et des primeurs, du tabac, du maïs et du raisin.

Gorges de la Dordogne. 17

Aux abords du plateau de Millevaches, un barrage sur la Maulde a créé le joli lac de Vassivière.

Un grand avenir touristique

Le Limousin est longtemps resté à l'écart des grands courants migrateurs estivaux, mais il semble que la domestication des forces vives de cette région, la multiplication des plans d'eau, des routes et des équipements aient enfin suscité l'intérêt des touristes. Chaque année, ils y viennent plus nombreux et en repartent plus satisfaits. On pourrait évidemment conseiller à ceux qui ne la connaissent pas encore d'éviter cette « terre de contrastes et de surprises », comme l'appelle Marcelle Tinayre, en leur disant que l'air y est trop vif, que les senteurs des landes y sont trop fortes, les sources trop froides, les truites trop rapides, les paysages trop tourmentés, les routes trop « survireuses ». Pour la conserver intacte, loin de la pollution, des papiers gras et des cartes postales. Mais il est déjà un peu tard. Et pourquoi l'immense Limousin serait-il réservé à quelques privilégiés ? ■

Les haras de Pompadour

Le nom de Pompadour évoque immédiatement l'une des plus célèbres favorites de notre histoire. En fait, ce fut par hasard qu'Antoinette Poisson fut faite marquise de Pompadour par Louis XV, en 1745. Elle garda le titre, mais revendit en 1760, au duc de Choiseul, un domaine qu'elle n'avait même pas visité.

Elle eut bien tort, car il est admirable. Du château, fondé en 1026 par Guy de Lastours, mais

La haute vallée de la Corrèze

En amont de Brive, la Corrèze s'est creusé une profonde vallée dans les granites du bas Limousin. Jusqu'à Tulle, la route longe la rivière, qui gambade joyeusement entre deux murailles boisées, s'écartant parfois pour faire place à des prairies verdoyantes. Toute pittoresque que soit cette route, il serait dommage de ne pas faire un crochet par le village d'*Aubazine*, perché entre la vallée de la Corrèze et les tortueuses gorges du Coiroux. Son église, une ancienne abbatiale du XIIe siècle, abrite un véritable bijou de l'époque gothique : le tombeau de saint Étienne, sculpté dans la pierre avec une finesse, une luxuriance et un réalisme extraordinaires.

Non loin de là, le *puy de Pauliac*, couvert de bruyères et de châtaigniers, se hausse à 524 m d'altitude. À l'âge du fer, les hommes y élevèrent un cromlech (enceinte composée d'une série de menhirs). Du sommet, on domine toute la vallée de la Corrèze et le bassin de Brive, et on aperçoit les monts voisins des Monédières.

Resserrée entre les parois de la vallée, *Tulle* s'étire sur plus de 3 km, au confluent de la Corrèze avec la Solane et la Montane, de part et d'autre de l'élégant clocher de sa cathédrale. En remontant le cours de la Montane, on atteint vite *Gimel*, au pied des ruines de son château. Le village possède deux trésors : dans son église, un chef-d'œuvre du XIIe siècle, la châsse de saint Étienne, ornée d'émaux enrichis de pierreries, et les célèbres *cascades de Gimel*, formées par un triple saut de la Montane, qui plonge de 140 m de haut dans un gouffre si impressionnant qu'on l'a baptisé « Inferno ». Quelques kilomètres plus haut, la rivière s'élargit pour former l'*étang de Ruffaud*, où fleurissent les voiles, puis, encore plus haut, le ravissant *étang de Brach*, entouré de pâturages où les brebis distillent le lait servant à la confection de l'excellente tomme de Brach.

Entre bas et haut Limousin, la Montagne

Vers le nord, on passe assez brusquement du bas Limousin à la Montagne, dont les hauts plateaux le dominent de 200 à 300 m. Au pied de ceux-ci, une rangée de petites villes paraissent d'autant plus vivantes qu'elles sont bâties au seuil d'un pays austère et désolé.

À l'est, *Ussel* a de belles maisons anciennes, dont la mieux conservée est l'hôtel de Ventadour, un petit bijou de la Renaissance que les ducs se firent construire lorsque leur château fort leur parut par trop lugubre; le monument le plus connu de la ville est bien antérieur : c'est un aigle de granite datant de l'occupation romaine. Au pied du *mont Bessou* (977 m), point culminant de la Montagne, *Meymac* possède une curieuse église romane du XIIe siècle, en belles pierres dorées. *Égletons*, entre les hautes vallées du Doustre et du Pont-Rouge, est dominée par le signal de la Croix-de-Foissac, d'où l'on aperçoit les monts Dore. *Treignac*, au pied du massif des Monédières, est un vieux bourg pittoresque, construit en amphithéâtre au-dessus de la Vézère. Enfin, à l'ouest, *Uzerche* domine également la Vézère, du haut d'un promontoire rocheux sur lequel se serrent de vieilles maisons à tourelles, autour d'une très belle église du XIIe siècle.

Entre ces sites riants et la solitude des hauts plateaux, le contraste est frappant. Malgré leurs paysages grandioses et leur air vivifiant, les Monédières, immense tapis de bruyère rose, le plateau de Gentioux, sérieux et grave, et celui de Millevaches, avec ses landes et ses sapinières, demeurent tragiquement déserts.

Pourtant, le spectacle que ces hauts plateaux offrent à l'automne est l'un des plus surprenants et des plus attachants qui soient : toute la gamme somptueuse des rouges et des verts déferle sur les fougères et les bruyères ruisselantes de sources et de rus. À cheval sur les départements de la Corrèze et de la Creuse, c'est le « toit du Limousin ».

Millevaches : le nom veut dire « mille vasques, mille sources ». De cet âpre plateau s'échappent en effet, comme d'un château d'eau, une multitude de ruisseaux et de torrents qui, après quelques cabrioles dans la roche, deviennent vite turbulents. C'est là que naissent la pétulante Corrèze, la fougueuse Vézère, l'impétueux Doustre, la brusque Montane, la véhémente Vimbelle, la rude Luzège, la bouillonnante Triouzoune et la rapide Maronne, auxquels il faut ajouter des vedettes comme la Vienne, le Cher, la Creuse et le Taurion. Certes, sur ces hauteurs, les conditions climatiques sont dures et ne favorisent pas un habitat humain permanent, comme si la nature sauvage et violente voulait enfanter ses torrents dans la solitude, mais il semble surprenant que les touristes modernes, si épris — à juste titre ! — de grands espaces, d'air pur et de nature vierge, ne fréquentent pas en plus grand nombre, durant la belle saison, ces vastes étendues.

Rivières et sites du haut Limousin

De toutes les rivières qui ruissellent du château d'eau de Millevaches, c'est la Creuse, née près du signal d'Andouze, qui a le nom le plus évocateur, car elle entaille profondément les plateaux du Limousin avant de rejoindre la Vienne. Juste au moment d'entrer en Berry, de Fresselines à Argenton, elle s'acharne dans une gorge sauvage que les hommes ont barrée à *Éguzon*, créant un lac artificiel de 15 km de long, une des premières grandes retenues d'Europe

reconstruit au XVe siècle et incendié sous la Révolution, il reste la façade, avec ses grosses tours d'angle et son châtelet à deux tours, et les douves flanquées de tours basses. En 1761 le roi racheta le domaine pour y créer un haras royal, et depuis lors Pompadour s'est consacré, avec des fortunes inégales, à l'amélioration de la race chevaline.

Bonaparte y envoya de nombreux étalons orientaux, les fameux chevaux arabes dont il avait apprécié la valeur en Égypte.

L'hippodrome, qui est situé au sud du château, dans un cadre verdoyant agréablement boisé, fut aménagé en 1834, afin d'entraîner les poulains du domaine, et la première réunion hippique date de 1837.

1844 est une grande date pour Pompadour, puisque c'est cette année-là que fut créée la célèbre race anglo-arabe dont s'enorgueillit aujourd'hui le haras national.

L'activité de celui-ci est multiple : en sus du « dépôt » classique d'étalons, il est le seul à posséder une jumenterie, et il fournit aux autres régions d'élevage du cheval de selle les géniteurs d'élite dont elles ont besoin.

Les étalons passent huit mois de l'année dans les écuries modèles du haras. Pendant les quatre autres mois, ils vont remplir leur office dans les quatre départements de la circonscription. Leur existence est réglée avec une rigueur toute militaire : repas, « travail » et repos ont toujours lieu à heures fixes.

C'est à l'existence du haras que le château de Pompadour doit d'exister encore : il abrite les bureaux et loge les officiers. De plus, il sert de cadre à des réunions d'intérêt national. ■

▲ *La Révolution n'a épargné que la façade de l'ancien château de Pompadour, coupable de porter le nom d'une trop célèbre favorite.*

Accrochée au rocher au-dessus de la Vézère, Uzerche et les toits d'ardoise à tourelles ▼ *de ses vieilles maisons.*

(1926). À son extrémité, au confluent de la Sédelle, se dressent sur une crête les ruines de la forteresse de *Crozant,* considérée jadis comme la « clé du Limousin »; ses remparts, longs de 1 km, étaient flanqués de dix énormes tours dont il reste des vestiges imposants.

La Maulde et le Taurion, principaux affluents de la Vienne avec la Creuse et la Glane, sont aussi des enfants des hauts plateaux limousins.

Originaire du Gentioux, le Taurion voit ses profondes gorges coupées quatre fois par des centrales hydroélectriques; les 72 km de la Maulde ne sont coupés que deux fois : au mont Larron et surtout près de Peyrat-le-Château, par le *barrage de Vassivière,* qui a créé un plan d'eau de 1 000 ha. Ce lac est parsemé d'îlots verdoyants parmi lesquels évoluent les voiliers, et la route qui le longe, bordée par la lande odorante, est à elle seule une attraction touristique.

Avec leur relief monotone, leurs champs coupés de haies, leurs pâturages et leurs pommiers, les plateaux bocagers du haut Limousin ont le charme des campagnes vertes. Ils recèlent aussi quelques sites pittoresques.

À l'ouest de la Montagne, sur la Vienne, *Limoges,* célèbre au Moyen Âge pour ses émaux, est surtout réputée aujourd'hui pour ses porcelaines. Les premiers sont exposés au musée municipal, les secondes au musée national Adrien-Dubouché, l'un et l'autre de ces musées méritant une visite approfondie. Le monument le plus intéressant de la ville est la cathédrale Saint-Étienne, la plus belle église gothique du Limousin.

Aux environs, *Solignac,* où le grand saint Éloi, ministre du bon roi Dagobert, fonda au VIIe siècle un monastère, a conservé une remarquable église abbatiale à coupoles, de style roman périgourdin, contemporaine du château voisin de *Chalusset,* une double forteresse dont les ruines jumelles se dressent sur un piton rocheux, au confluent de deux rivières. *Saint-Léonard-de-Noblat,* patrie du grand physicien et chimiste Gay-Lussac, possède également une belle église romane, dont le clocher à six étages, couronné d'une flèche de pierre, est particulièrement élégant.

Au nord du plateau de Millevaches, *Guéret* attire surtout les amateurs d'émaux anciens, dont son musée municipal possède une très belle collection. Ceux qui s'intéressent davantage aux vastes panoramas pousseront jusqu'à *Toulx-Sainte-Croix,* où une tour, bâtie au sommet d'une colline, leur offrira, comme sur un plateau, le Berry, le Bourbonnais et la Marche, les monts du Forez et les dômes de l'Auvergne. Du belvédère voisin des *Pierres-Jaumâtres,* la vue est presque aussi étendue, et ce chaos d'énormes blocs de granite a un aspect si insolite, dans la lande sauvage, que la romantique George Sand prit jadis ces pierres pour des autels où des druides sanguinaires se seraient livrés à d'horribles sacrifices.

Gorges de la Dordogne.

20. Gorges de la Dordogne

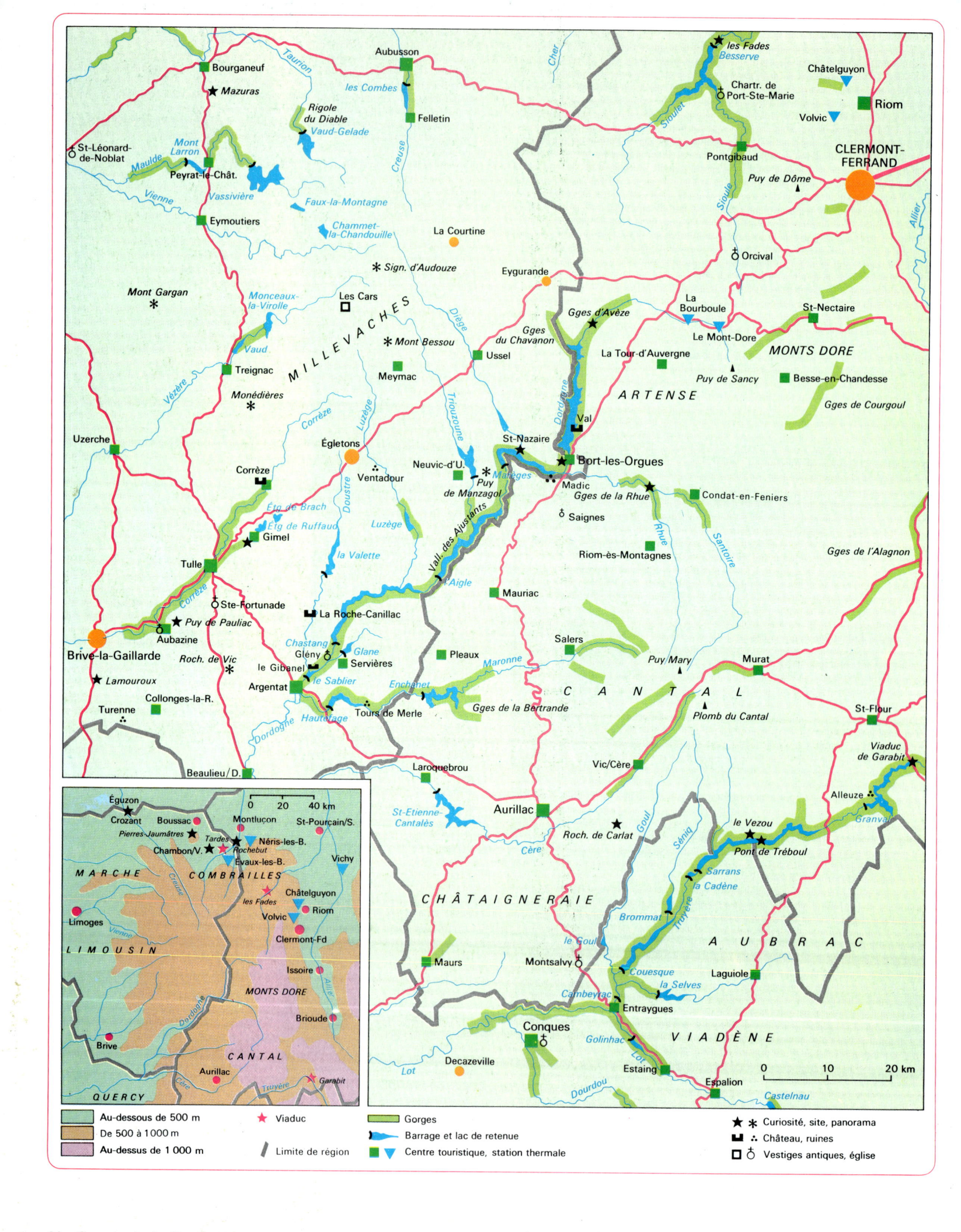

sur les traces de l'Auvergne féodale
les châteaux-forteresses de l'Auvergne

◀ *Du château d'Alleuze,
campé sur son éminence,
ne subsiste que le corps de logis
flanqué de quatre tours.*

Sur un rocher ▶
*dominant la Loire,
fantomatique,
le château d'Arlempdes.*

◀ *Paysage cantalien :
la vallée des Ternes
en amont du
château d'Alleuze.*

$\mathcal{A}$u cœur de la France, dressées sur des buttes au-dessus des vallées
ou sur les rebords abrupts des plateaux,
de romantiques ruines évoquent les grandes heures de l'Auvergne féodale.

Châteaux d'Auvergne. 3

◀ *Près de Chaudes-Aigues, Couffour et son donjon rond datant du XIIe siècle.*

Émergeant de la végétation, ▶ le château de Tournoël domine les larges horizons de la Limagne.

Élevé au XVe siècle, transformé par la suite, le château de la Batisse, au sud de Clermont-Ferrand. ▼

De ces forteresses médiévales, quelques-unes ont résisté aux outrages de la guerre et du temps, comme à la pioche des démolisseurs. Remaniées au cours des siècles, désormais ouvertes sur la nature et d'allure plus gracieuse, certaines sont aujourd'hui habitées.

4. Châteaux d'Auvergne

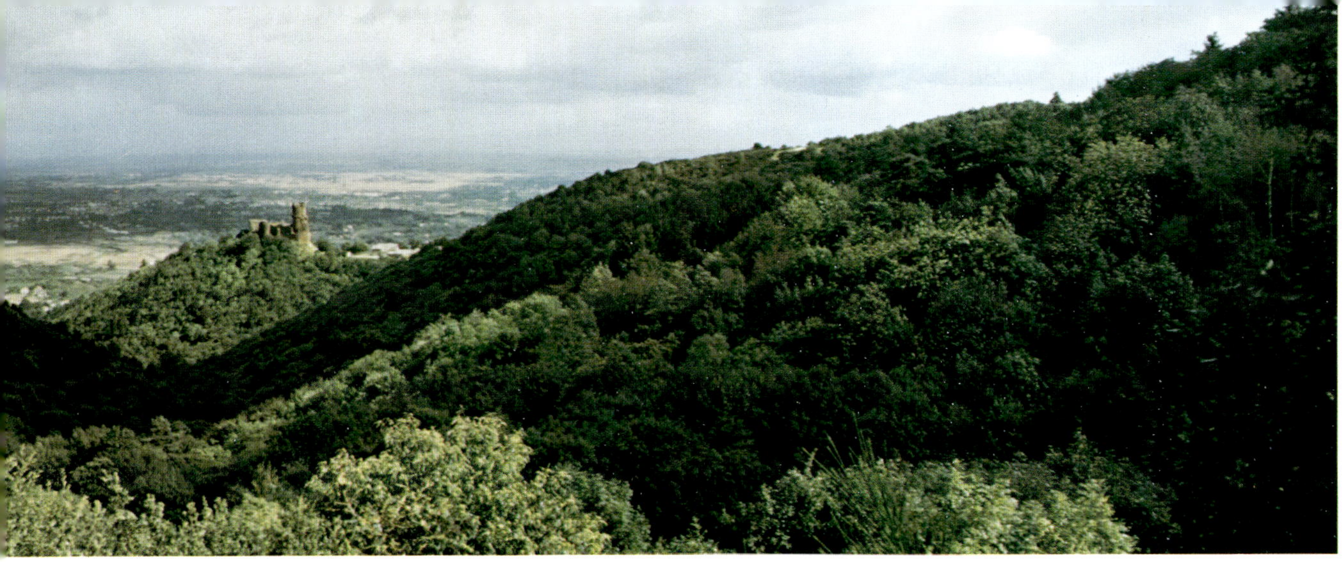

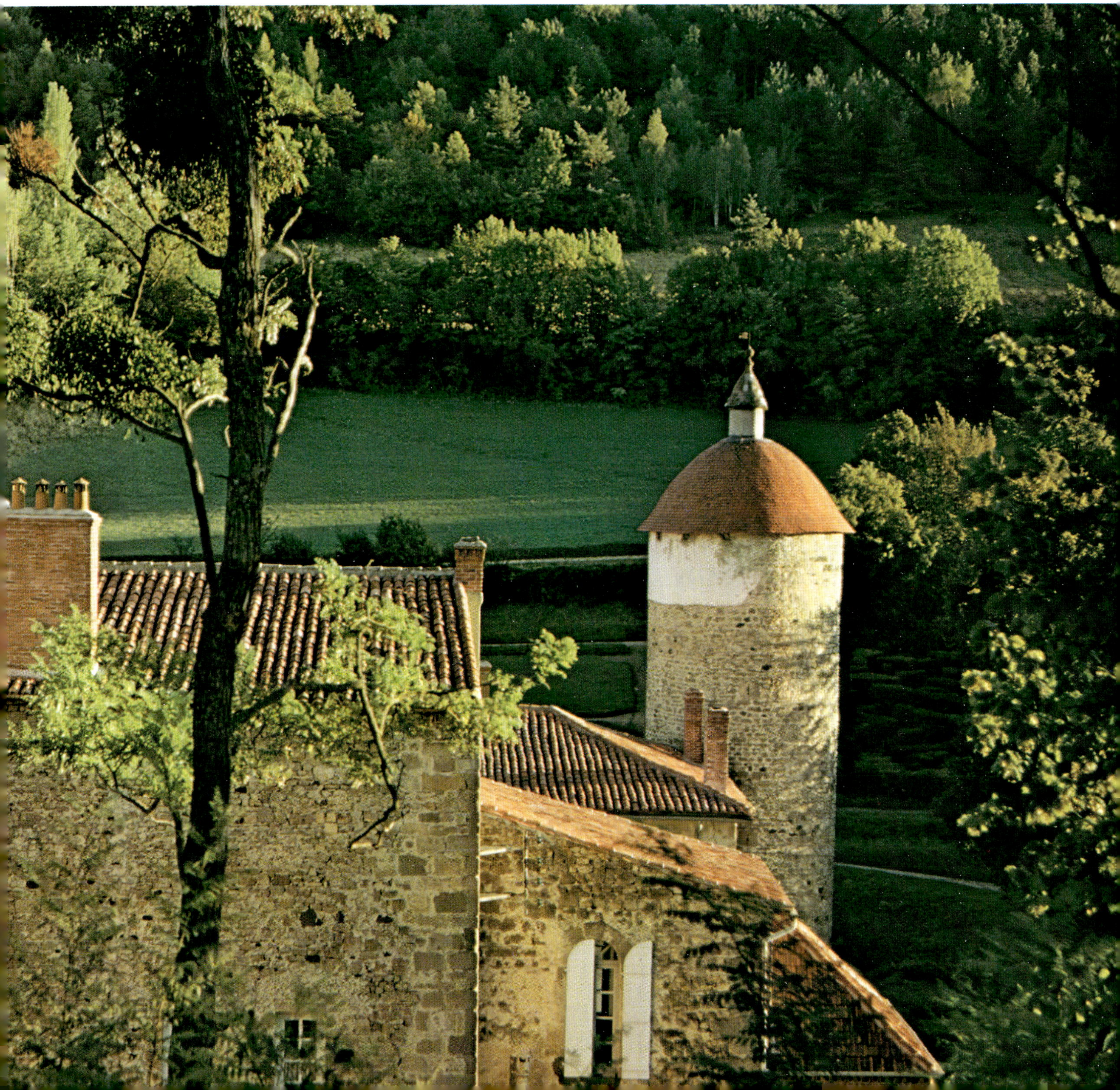

◀ Au bord d'une Loire encore « montagnarde », une forteresse devenue demeure de plaisance : Lavoûte-Polignac.

▲ Sentinelle de la Limagne, le donjon de lave carré de Châteaugay, le seul demeuré intact en Auvergne.

*Donjons et courtines, bastions et mâchicoulis,
tourelles et corps de logis semblent se fondre
avec l'escarpement ou le piton rocheux qui leur sert d'assise,
vigies d'un autre âge autour desquelles le monde moderne
est venu s'étaler avec plus ou moins de bonheur.*

*Rude contrée aux paysages de granite,
de basalte et de sombre verdure,
l'Auvergne est riche
de ces bastilles trapues et austères,
aux pierres inaltérables.*

Dans la vallée de la Maronne,
Palemont n'a conservé
du Moyen Âge
▼ que son solide donjon.

Le château de Polignac, ▶
une puissante place de guerre
juchée sur une butte basaltique,
non loin du Puy.

Établi sur l'une des hauteurs volcaniques de la Comté, Busséol a été relevé de ses ruines. ▶

Tours massives, toiture de lause, chemin de ronde : le château d'Auzers, érigé au début du XVIe siècle. ▼

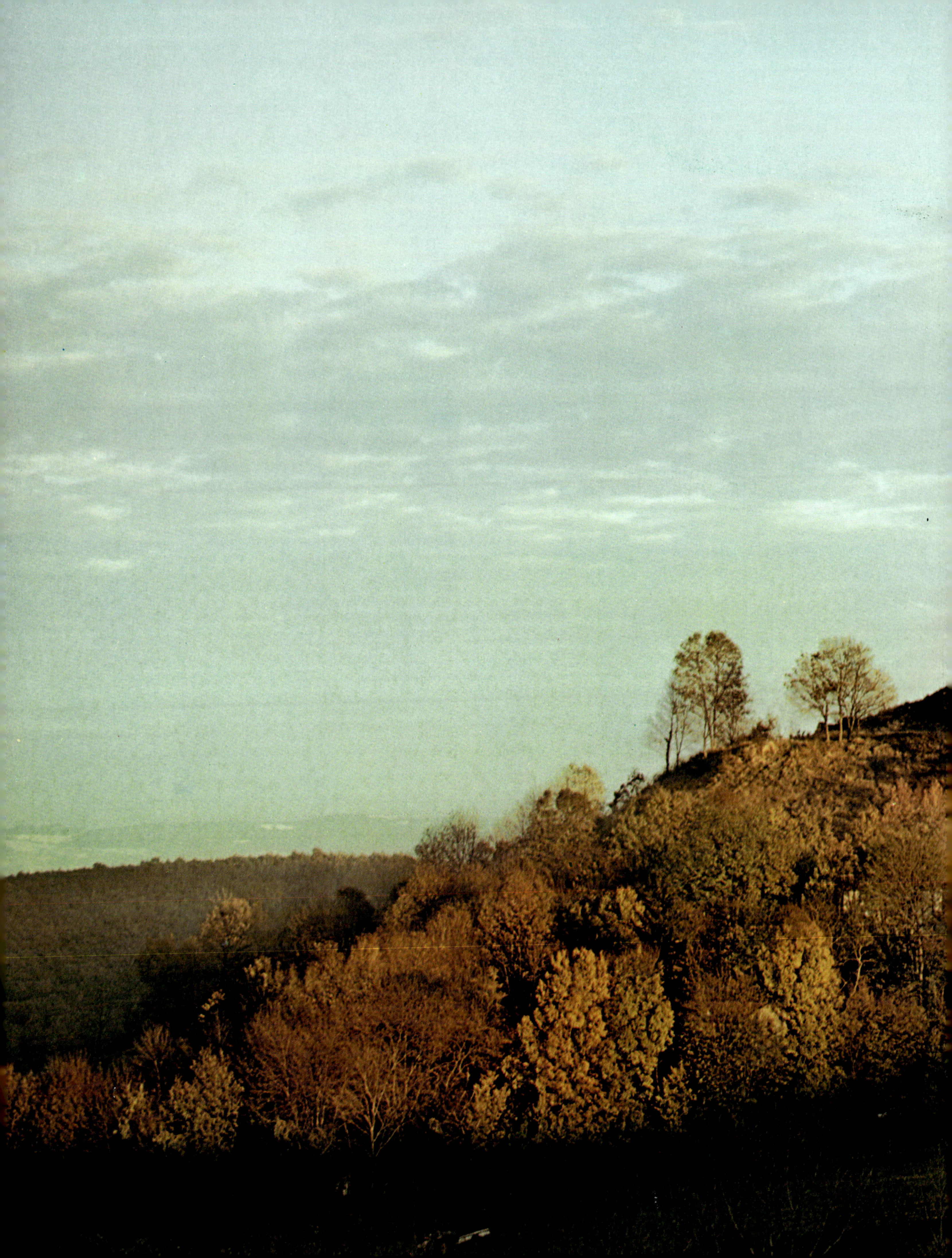

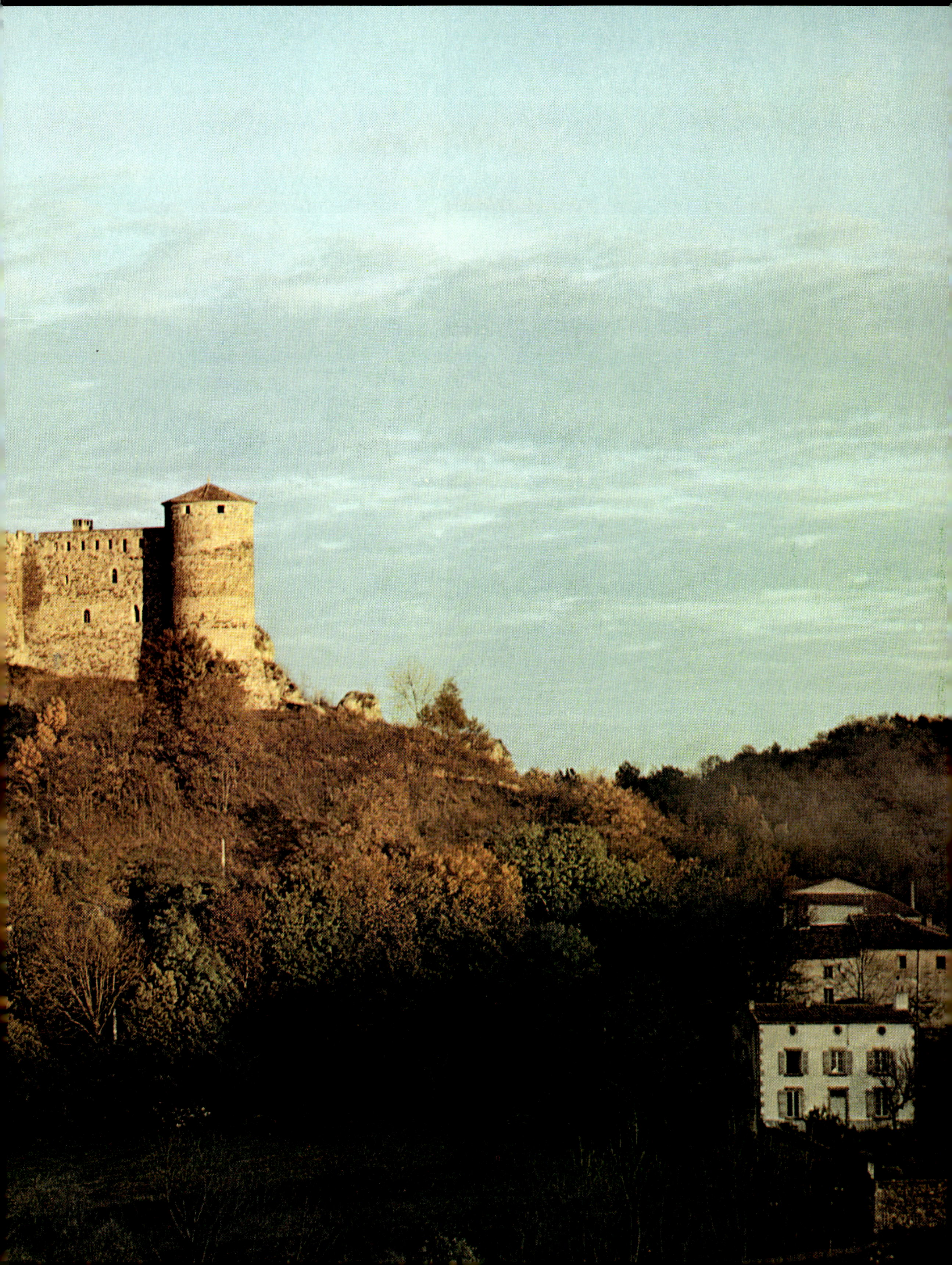

▲ *Jailli d'entre les arbres
sur un piton de la couze de Chambon,
le château de Murol,
auquel Richelieu épargna la destruction.*

Combien sont-ils donc ces châteaux d'Auvergne, élevant vers le ciel leurs tours et leurs donjons démantelés ou étalant la magnificence de leurs bâtiments relevés, restaurés, embellis? Si l'on tient compte de ceux qui furent rasés et dont quelques traces signalent à peine l'emplacement, une centaine? Plus, peut-être. Cette abondance surprenante de places fortes a ses raisons d'être : de longs siècles durant, l'Auvergne a été divisée en d'innombrables seigneuries entre lesquelles les conflits furent fréquents et rudes. Rivales pour la possession d'une terre, d'un privilège, elles l'étaient aussi quand il s'agissait d'alliances et de vassalité comme de suzeraineté. Telle, qui se réclamait des comtes de Poitiers, ducs d'Aquitaine, voisinait avec celle-là qui prétendait relever directement du roi. À moins que ce ne fût des comtes de Toulouse. Et les suzerains étaient trop loin pour pouvoir mettre bon ordre à ces querelles. Pour prévenir toute annexion, on érigea donc des forts, prolongements artificiels d'un piton rocheux ou d'une terrasse de lave d'accès peu aisé. Il n'y eut pas d'éminence qui ne se couronnât d'un donjon, d'une tour de guet. Le pays d'Auvergne se parsema de bastilles, d'autant que son sol montagneux, accidenté, fait de forêts et de rochers — tout en favorisant les méfaits des malandrins — se prêtait, par la multitude des points stratégiques, à l'installation d'une véritable « cotte de mailles ».

Jeu complexe que celui des influences, des ralliements, des rébellions qui occupent les seigneurs auvergnats au Moyen Âge. Turbulents et méfiants, ils consolident leurs forteresses, au pied desquelles les paysans viennent chercher refuge. Des villages — qui deviendront parfois des villes — se créent. Les temps sont peu sûrs. Les « routiers », brigands organisés en bandes, dévalisent, pillent, assassinent.

Puis ce sont les Anglais qui, après le traité de Brétigny (1360), se livrent à de sanglantes incursions. Aux uns et aux autres, les châteaux forts opposent une résistance farouche. Certains n'y survivront pas. D'autres, blessés, amputés, panseront leurs plaies, se redresseront, gagneront même parfois du terrain.

Les Anglais sont partis moyennant redevance. Mais, pour autant, les forteresses n'ignorent pas les guerres de seigneurs — et de religion aussi. Catholiques et protestants s'affrontent. La *paix de Beaulieu*, en 1576, accorde aux huguenots la liberté de conscience. En principe. Car, ici, on soutient le roi, là, on défend la Ligue, on tue, on brûle. C'est Henri IV, enfin, qui ramène la paix. Bien des châteaux sortent ruinés de l'épreuve car leurs murs n'offrent plus guère de protection contre une artillerie en constant progrès.

Sous Louis XIII, l'Auvergne est le théâtre de nouvelles agitations seigneuriales contre le pouvoir royal. Richelieu prête l'oreille aux « bonnes villes » qui souhaitent la destruction des châteaux forts, points de ralliement des gens de guerre. Et, lorsque, en 1632, le cardinal doit agir *manu militari* en réponse à un complot fomenté contre lui par Gaston d'Orléans, frère du roi, sa décision est rapidement prise : il faut démolir les plus importantes de ces arrogantes forteresses. De celles-ci il ne reste parfois pas beaucoup plus qu'un nom : Usson, Vodable, Ybois, Nonette, en basse Auvergne; Murat, Calvinet, sur les hautes terres.

Pour rétablir l'autorité de la justice royale, sans cesse outragée par les féodaux, interviennent en 1665-1666, à Clermont, les Grands Jours d'Auvergne, tribunal d'exception qui calme à sa façon les esprits échauffés.

Les châteaux qui ont échappé à la vengeance destructrice de Richelieu, à la hache impitoyable des Grands Jours n'ont désormais qu'un ennemi : l'indifférence des hommes. Nombreux sont ceux qui, délaissés, deviennent peu à peu « ruines romantiques » (Murol, Tournoël, Alleuze, Mauzun). D'autres, plus chanceux, perdent leur primitive destination : le XVIIe et le XVIIIe siècle en font de somptueuses résidences où l'on accumule les œuvres d'art, pour le plus grand plaisir des générations futures.

Tel un château rhénan…, Tournoël

« Tournoël, c'est la ruine fière, la ruine en soi, la ruine pour la ruine, une ruine posée comme en majesté par un très savant bâtisseur de ruines sur ce mamelon si évidemment destiné à recevoir une ruine : la ruine, en un mot, si parfaite que l'imagination se croirait indiscrète en essayant de se la représenter avant sa ruine. Hugo, avec son côté inspecteur des ruines, Hugo cheminant de Volvic à Enval se fût arrêté, eût croqué, n'eût pas résisté à cette tour ébréchée dite « des Miches » et à ce donjon rond d'encore, quand même, trente-deux mètres. Car faites couler au pied le Rhin, vous aurez une chose du genre Lorelei, un zeste de fantastique allemand… »

Ne reprochons pas au romancier Georges Conchon, auvergnat de naissance et de cœur, un excès de lyrisme. Le château féodal de *Tournoël*, sis en basse Auvergne, à 2 km de Volvic, à 7 de Riom et à 16 de Clermont, a suscité et suscite encore bien des enthousiasmes. Bâti à 600 m d'altitude sur un éperon rocheux qui prolonge, au nord-est, le puy de la Bannière, dominant la Limagne naissante par un à-pic de 150 m, il a gardé son impressionnante allure de forteresse inexpugnable. Cette énorme masse de pierre blanchâtre d'où émerge le haut donjon cylindrique n'a rien perdu de la sauvage grandeur qui devait faire hésiter, sinon reculer, ses assiégeants.

Mentionné dans des textes sous le nom de « Tournoile » dès le XIe siècle, et bien avant avec les orthographes *Tornoel* ou *Torniel*, cet

12. Châteaux d'Auvergne

Au fil de la Sioule

Affluent de l'Allier, la Sioule, qui prend sa source près du Mont-Dore, voit se mirer dans ses eaux plusieurs châteaux ruinés ou restaurés, mais qui, tous, ajoutent au charme d'une vallée dont les versants sont tantôt verdoyants, tantôt rocheux et sévères.

Du château de Blot-le-Rocher, plus connu sous le nom de *Château-Rocher*, ne subsistent que des ruines. Il fut construit aux XIIe et XIIIe siècles par les sires de Bourbon, sur un à-pic impressionnant. Le château de *Châteauneuf-les-Bains* eut moins de chance encore, et seuls des vestiges de son enceinte demeurent visibles. C'est plutôt à ses eaux, sortant de terre à la température de 28 à 36 °C et qui traitent de nombreuses affections, que Châteauneuf-les-Bains doit sa réputation.

Édifié, lui aussi, sur un éperon rocheux et flanqué de quatre tours massives, le château de *Rochefort* a conservé l'allure de puissante forteresse féodale qu'il avait au XVe siècle. Sa fondation remonte, croit-on, à Archambaud VI de Bourbon qui, en 1147, participa à la deuxième croisade aux côtés de son neveu Louis VII; mais il fut restauré à partir de 1637 par les ancêtres des actuels propriétaires. De larges ouvertures furent percées dans l'épaisse courtine pour aérer les salles humides et sombres. L'édifice y perdit un peu de son austérité mais non de sa grandeur. Le château de Rochefort abrite aujourd'hui d'admirables tapisseries dont l'une, représentation possible de l'attaque de folie qui saisit Charles VI dans la

▲ *Dans un site sauvage, le nid d'aigle de Château-Rocher, fief des seigneurs de Bourbon qui le bâtirent au XIe siècle.*

Avec son haut donjon, le château de Tournoël, pourtant malmené par les siècles,
▼ *a conservé belle allure.*

ouvrage entre dans l'histoire avec Gui II, comte d'Auvergne, qui en fait sa place forte. Il pille la Limagne et, sans vergogne, met à sac l'abbaye royale de Mozat en 1210 : fatale erreur. Philippe Auguste dépêche une armée qui s'empare de Tournoël, aussitôt incorporé au domaine royal. Échangé par Philippe le Bel, en 1306, contre d'autres positions clés en Périgord et en Limousin, le château passe alors, par le jeu des mariages et des alliances, entre les mains de plusieurs familles qui font relever les murs d'enceinte et édifier le donjon, la tour des Miches (ainsi nommée à cause des demi-sphères, évoquant des pains ronds, qui ornent ses parois de lave) et les corps de logis. Au début du XVIe siècle, la paix régnant, la forteresse est devenue un austère mais confortable château.

Cependant, le calme ne dure pas. En 1594, au cours des guerres de Religion, les ligueurs de Riom assiègent Tournoël et l'investissent, non sans l'avoir fortement endommagé. Un an plus tard, les troupes royales les en délogent. Nouveaux dégâts. En 1632, Gaston d'Orléans en fait un de ses points stratégiques dans l'équipée des Mécontents qu'il mène contre Richelieu. Mais, dès lors, Tournoël est voué à la décrépitude. Il est mentionné en bonne place aux Grands Jours d'Auvergne, et son seigneur, Charles de Montvallat, est condamné à des amendes et à des restrictions de droits.

Abandonné aux vents qui s'acharnent contre la pierre dure, le château de Tournoël (dont la restauration est en cours) a séduit de nombreux artistes romantiques, épris de « gothisme » et d'architecture forêt du Mans, date de la fin du XVe siècle. Le public n'est malheureusement pas admis dans les appartements. ∎

Une demeure-musée

La haute vallée de la Cère ne manque pas de castels ni de gentilhommières, témoins d'un passé souvent peu aimable : Clavières, Vixouze, Montlogis, Esmont et, surtout, fièrement accroché à la roche escarpée qui surplombe le village de Polminhac, le château fort de *Pesteils*. Sa position stratégique explique éloquemment son destin mouvementé. Probablement antérieure au XIIIe siècle, cette place forte permettait de contrôler la vallée. Si elle sut résister aux bandes armées qui écumaient la région, la

▲ *Sur sa plate-forme rocheuse, le château de Pesteils n'est plus forteresse que par son donjon.*

guerre civile entre Armagnacs et Bourguignons ainsi que les luttes féodales favorisèrent l'offensive des Anglais, qui s'en rendirent maîtres en 1405 et l'incendièrent. Seuls le donjon, haut d'une quarantaine de mètres, et la salle des gardes subsistèrent. Relevé peu après par Rigaud de Montamat, compagnon de Jeanne d'Arc, le fort de Polminhac (qui ne prit le nom de « Pesteils » qu'en 1510, à la suite d'une alliance) subit encore les assauts répétés des protestants et de l'armée royale qui se le disputèrent en 1568. En 1581, de nouveaux combats : mais, cette fois, les huguenots ne parvinrent pas à l'enlever... L'avènement de Henri IV inaugura une période de calme. La forteresse se transforma peu à peu en une résidence d'agrément, que pillèrent les révolutionnaires de 1792. Et c'est un

médiévale, qui ont amplement contribué à accroître sa célébrité en en répandant des images souvent flatteuses. Aujourd'hui, le visiteur venant par la route de Volvic au travers des châtaigneraies n'est pas déçu à la vue de ces imposants vestiges. La lave dont est fait le décor flamboyant de la tourelle de l'escalier a su résister aux outrages des ans. Le robuste donjon carré, primitivement élevé au Xe siècle, le grand donjon circulaire du XIVe siècle qui se dresse à plus de 30 m, la cour d'honneur sur laquelle s'ouvrent la cuisine et le cellier, la grande salle, ou « salle des gardes » (démunie de sa toiture), la chapelle seigneuriale, la tour des Miches (XVIe s.), les immenses cheminées et les chemins de ronde permettent au moins imaginatif des touristes de concevoir sans trop de peine ce qu'a pu être autrefois la vie dans ces murs. Et le vaste panorama que l'on découvre entre les créneaux du donjon — englobant la plaine de la Limagne, les plateaux basaltiques de Châteaugay, ceux de la côte de Clermont et de Gergovie puis, au-delà, à l'horizon, les monts de la Madeleine, les Bois Noirs et le Forez — laisse aisément comprendre l'importance stratégique de Tournoël.

D'autres « repaires » en basse Auvergne

Le château de Tournoël fait certes figure de vedette parmi ceux des environs de Riom. Il en existe cependant bien d'autres dont l'Auvergne peut s'enorgueillir à juste titre. Ainsi, le château de *Chazeron*, qui connut une destinée bien différente de celle de Tournoël. Bâti sur une butte de la rive gauche du Sardon, au milieu de bois de chênes, il n'était, au début du XIIIe siècle, qu'une simple tour de garde, sorte de défense avancée du « Châtel de Guyon ». Agrandi puis détruit pendant la guerre de Cent Ans, il fut reconstruit au XIVe siècle par Oudard, chevalier et seigneur de Belleneuve, auquel le comte d'Auvergne Jean II attribua la « justice de Chazeron ». Sous le règne de Louis XIV, murs et tours d'enceinte disparurent et le gros donjon fut rasé. On éleva deux vastes ailes (en pierre de Volvic) au nord et au sud, ainsi qu'une galerie à balustrade pour les relier, et un perron monumental. Les appartements furent aménagés et les ouvertures sur l'extérieur élargies selon le goût de l'époque. Depuis, Chazeron n'a guère changé, si l'on excepte les agencements intérieurs. Les vestiges des bâtiments médiévaux (le donjon, le corps de logis du XIVe siècle avec ses tourelles), restaurés avec goût, se fondent harmonieusement dans les constructions postérieures. C'est dans cette demeure que, en 1940, le général Gamelin, Édouard Daladier, Léon Blum et Paul Reynaud furent placés en résidence surveillée avant de se voir transférés à Bourassol. Aujourd'hui, réveillé après un nouveau sommeil, le château de Chazeron abrite le Centre de recherches et d'information scientifiques, techniques, artistiques et littéraires (Association Cristal), qui attire à lui nombre de créateurs d'avant-garde.

Autres voisins de Tournoël : les châteaux de *Jozerand* et de *Châteaugay*. Le premier, du XVe siècle, fut restauré au XIXe, mais il possède encore deux tours d'angle et une élégante tourelle polygonale. Le second, bâti à la fin du XIVe par le chancelier Pierre de Giac, a conservé son donjon de lave carré, épargné par Richelieu et la Révolution. Juché à l'extrémité d'un plateau basaltique dominant la Limagne, il est encore d'allure trapue, mais des appartements Renaissance lui conférèrent une note de fantaisie.

Au sud-ouest de Tournoël, à une vingtaine de kilomètres de Clermont-Ferrand, *Pontgibaud* est un bourg paisible construit en amphithéâtre au bord de la Sioule, sur les coulées de lave descendues des puys de Dôme et de Louchadière. Le château qui le domine, appelé « Château Dauphin » par la tradition, existait sans doute dès le VIe siècle. Il fut reconstruit au XIIIe par Robert Ier, dauphin d'Auvergne — d'où son nom. Les troupes de Philippe Auguste s'en emparèrent en 1213. Une légende de cette époque parle de la comtesse Brayère, épouse de Robert, comme d'une ogresse aimant fort les petits enfants. Cuisinés, s'entend. On lui servit un jour un porcelet, et la dame le trouva tellement à son goût qu'elle cessa de manger du (petit) chrétien et, dès lors, multiplia les bienfaits...

À la fin de la guerre de Cent Ans, le maréchal de La Fayette fit remanier le château et fortifier la ville (qui conserve une belle porte à deux tours rondes, percées d'archères et surmontées de mâchicoulis et de créneaux), ce qui n'empêcha pas le fameux capitaine huguenot Merle de se rendre maître de la place en 1566.

La suite de l'histoire de Pontgibaud est moins mouvementée. La Révolution l'épargne mais le convertit en collège. On le restaure enfin au cours des dernières années du XIXe siècle, mettant ainsi en valeur le donjon qui domine son massif quadrilatère (couronné de mâchicoulis et de créneaux), les six tours rondes du mur d'enceinte et la tour, plus haute, dite « du Chevalier ».

Une capitale fortifiée : Riom

Au fil des temps médiévaux, les ouvrages défensifs ne se limitèrent plus seulement à des tours et forteresses penchées au-dessus des vallées, accrochées à flanc de montagne. Villages et cités, souvent situés en des endroits moins stratégiques, durent se protéger des assauts éventuels par de puissantes fortifications. Tel fut le cas de *Riom*, sise à la lisière ouest de la Limagne, au pied des monts Dôme. Actuellement sous-préfecture, siège d'une cour d'appel et de la cour château délabré que retrouvèrent, en 1841, ses anciens propriétaires, les Miramon.

Restauré par leurs descendants, agrandi, décoré et richement meublé, le château de Pesteils, devenu demeure-musée, s'ouvre aujourd'hui aux amoureux de l'histoire, aux amateurs d'art et aux cinéastes. C'est ici, en effet, autour du donjon carré, couronné d'un chemin de ronde, que furent tournés *l'Éternel Retour*, *Marie Tudor* et... *la Tour de Nesle*. ■

Les héritiers des maisons fortes

La Renaissance, avec sa nouvelle esthétique et son sens de l'harmonie, n'apporta pas pour autant la paix à l'Auvergne, terre de prédilection des querelles intestines, du banditisme et de troubles de toutes sortes. La maison forte y joua un rôle prolongé, et l'on ne s'étonnera pas de voir se bâtir en plein XVIIe siècle un château tel que celui de *Chanterelle*, à Saint-Vincent-de-Salers — ses dimensions massives, son chemin de ronde à mâchicoulis lui confèrent une allure très féodale. La Renaissance, le classicisme n'intervinrent donc, la plupart du temps, que pour atténuer la sévérité des forteresses, celles-ci restant plus des abris pour gens de guerre que des demeures de plaisance. L'exemple le plus marquant en est le château de *Villeneuve-Lembron*, au sud-ouest d'Issoire. Sa silhouette est toute médiévale, ses énormes tours rondes, ses larges douves font songer à un château fort; et

▲ *Effiat, en basse Auvergne : une riche demeure du XVIIe siècle comme en connaissent surtout la Touraine et l'Île-de-France.*

Le château de Chazeron : le XVIIe siècle en adoucit l'architecture
▼ *par un perron et une galerie à arcades.*

d'assises du Puy-de-Dôme, elle a joué un rôle de premier plan dans l'histoire de l'Auvergne. L'antique *Ricomagnus* des Gaulois, fortifiée dès le XIe siècle, devint en effet au Moyen Âge capitale du duché d'Auvergne — lequel appartenait, sous Charles VI, au duc Jean de Berry, fils de Jean le Bon. Avec Charles VII, le duché passa entre les mains des ducs de Bourbon avant d'être confisqué par François Ier et rattaché à la Couronne.

De ces époques troublées, Riom a conservé peu de souvenirs. Les remparts qui encerclaient la ville sont aujourd'hui détruits et de larges boulevards les remplacent. Le château du duc de Berry a disparu. Ne reste que l'élégante Sainte-Chapelle (XIVe s.), éclairée par de superbes vitraux Renaissance. Riom possède néanmoins de beaux hôtels édifiés à partir du XVIe siècle par les magistrats qui y habitèrent : la maison des Consuls (XVIe s.), avec ses arcades et la gracieuse frise qui court au-dessus des fenêtres ; l'hôtel Guimoneau, que décorent de fines sculptures ; l'hôtel du XVIIe qui abrite le musée Mandet, riche ensemble de peintures françaises et étrangères des XVIIe et XVIIIe siècles ; et d'autres demeures anciennes qui avoisinent le carrefour des Taules, au cœur de la ville. Et une flânerie dans les rues du vieux Riom permettra aussi de découvrir de nombreuses fontaines, disséminées par les XVIIe et XVIIIe siècles, comme celle d'Adam et Ève (XVIIe s.) qu'ornent de fières caryatides. Ne pouvant s'exprimer par des châteaux de plaisance — en raison du manque de sécurité et des troubles qui agitaient la terre auvergnate —, il semble que l'art de la Renaissance et des siècles ultérieurs se soit réfugié dans les murs des cités, qui en ont gardé de remarquables témoignages.

« Castra » des monts Dore et du Cantal

Rudes terres de volcans éteints depuis des millénaires, pays où partout la roche affleure, mais aussi domaine de prairies pâturées par de roux bovins, de vertes forêts, de rivières cascadantes, les monts Dore et le Cantal sont piquetés de châteaux qui jouèrent un rôle parfois déterminant dans l'histoire de l'Auvergne. Au vrai, il n'existe guère de hauteur, de piton qui n'ait le sien, bâti en granite ou en basalte. Et sur chacun d'eux plane une austère poésie.

D'aucuns ont résisté au temps comme à l'homme, à ses canons et même, de justesse, à ses grands travaux. Tel le château de *Val*, élégante bâtisse du XVe, flanquée de tours rondes à mâchicoulis et toits en poivrière, maintenant rehaussée par les eaux du réservoir de Bort qui l'enchâssent. Tel celui d'*Auzers*, sis plus au sud, sur le plateau de Salers. Ce manoir, bien restauré, a conservé, depuis la fin du XVe siècle, son chemin de ronde et sa toiture de lause. La Renaissance y a ajouté sa délicatesse.

Châteaux d'Auvergne. 15

▲ *Parentignat :*
« Dans cette vaste cour d'honneur
si spacieuse et si noble [...],
tu te croiras sous Louis le Grand » (H. Pourrat).

pourtant, cette bastille de la fin du XVe siècle aurait-elle pu résister aux assauts de l'artillerie? Sans doute pas. Dans sa décoration, les siècles ultérieurs ont introduit des effets architecturaux qui adoucissent son air martial.

Toutefois, il est en Auvergne de belles demeures où n'apparaît pas ce souci défensif. Comme le château d'*Effiat*, sis sur la route de Vichy, à proximité d'Aigueperse. Cet élégant manoir fut élevé par Gilbert III Coëffier. Au XVIe siècle il présente un corps de bâtiment central encadré par deux pavillons de plan rectangulaire. Le XVIIe siècle orna la façade donnant sur la cour d'honneur de pilastres doriques en lave de Volvic, élargit cette cour par une esplanade précédée d'un noble portail, dessina le vaste parc de 160 ha. C'est dans cette demeure que naquit le célèbre Cinq-Mars, fils du maréchal d'Effiat, qui fut favori de Louis XIII et finit tragiquement (décapité à vingt-deux ans) une existence turbulente.

Au nord d'Effiat, de l'autre côté de l'Allier, le château de *Lapalisse* a tant été transformé par la Renaissance et le XVIIe siècle qu'il ne semble plus guère se souvenir de son passé de forteresse contrôlant, aux confins du Bourbonnais, le passage de la Besbre. Il nous apparaît aujourd'hui tel que le dessina Jacques II de Chabannes, maréchal de La Palice. Percé de nombreuses fenêtres, relié à la chapelle par un harmonieux édifice Renaissance, il ne garde en fait du Moyen Âge qu'une portion de son enceinte et cinq tours, ainsi que la chapelle.

Plus surprenant encore est le château de *Parentignat*, établi dans

D'autres ont eu moins de chance. *Madic*, situé entre un lac et la Dordogne, possède une forteresse du XIVe siècle, bien ruinée. Ruine aussi à *Apchon*, jadis siège de la première baronnie de la haute Auvergne : habité jusqu'en 1757, le château comportait deux corps de logis et cinq grosses tours dont on peut voir les restes. Son exceptionnelle situation, au sommet d'un dyke volcanique commandant une vue magnifique sur la vallée de Cheylade, sur les monts Dore et une succession de hauts plateaux, explique le choix qui en fut fait. Pour la plupart de ces places fortes, un recours à l'imagination s'impose pour se les représenter telles qu'elles étaient jadis. Cela est parfois impossible : du château de *Murat*, démoli en 1633 par ordre de Richelieu, il ne reste plus rien de l'édifice du Xe siècle, juché sur un rocher de 140 m au-dessus de la vallée de l'Alagnon.

Pour d'autres, la chose est plus aisée. Ainsi, perchées sur une presqu'île dominant les eaux du barrage de Grandval (établi sur la Truyère en 1959), les ruines du château d'*Alleuze* laissent encore deviner ce qu'il fut entre le XIIe et le XIVe siècle : une forteresse composée d'un corps de logis à deux étages, ressemblant à un donjon que flanquaient quatre tours rondes. En 1383, un routier nommé Garland fit de ce nid d'aigle son repaire. Pendant sept années, il pilla et rançonna le pays environnant. Pour éviter que semblables faits ne se reproduisent, les habitants de Saint-Flour le démantelèrent.

Tout ruiné qu'il est, celui qu'on appelle le « fleuron des monts Dore » retiendra davantage l'attention. Les vestiges du château de *Murol* savent en effet être évocateurs. Dressée sur une butte basaltique au-dessus de son pittoresque village étalé sur les rives de la couze de Chambon, bâtie en blocs de lave rougeâtre, la forteresse a la forme d'un polygone irrégulier à douze pans; un haut donjon circulaire du XVe siècle domine des bâtiments du XIVe et du XVe, dont l'intérieur se révèle assez délabré. Elle appartint à partir du XVe siècle à la famille d'Estaing, qui, au XVIe, la dota d'une enceinte, puis, un siècle plus tard, édifia un petit pavillon aux fines décorations dans le style Renaissance. Ce fut la fin de sa grandeur. Après la Révolution, le château de Murol servit de carrière aux habitants des alentours...

Mais, paradoxalement, pour appréhender d'emblée ce passé réduit à l'état de puzzle, la vision de la cité cantalienne de *Salers* peut suffire. Des restes de remparts, de vieilles maisons à tourelles, une grand-place qui a bien su se préserver des outrages des siècles..., ce sont là maints souvenirs qui font d'elle la « merveille de l'Auvergne ».

Une vendetta auvergnate à Anjony

Parmi tous les châteaux du Cantal, celui d'*Anjony* mérite une place à part : depuis sa construction, qui s'étala, semble-t-il, de 1439 à 1450,

Le château d'Anjony,
un des plus beaux exemples
de l'architecture militaire du XVe,
▼ *domine la vallée de Tournemire.*

il n'a point subi de transformations et son architecture a, de ce fait, gardé une totale unité de style. Élevé sur un éperon rocheux dominant la vallée de la Doire, non loin d'Aurillac, il se compose d'un corps de logis central de plan rectangulaire, flanqué de quatre tours d'angle rondes, dont l'une renferme l'escalier qui dessert les trois étages. Une

16. Châteaux d'Auvergne

la plaine d'Issoire. C'est une somptueuse demeure du XVIIIe siècle. L'art délicat du Siècle des lumières transposé dans le cadre verdoyant et paisible de la Limagne. La présence de bâtiments anciens ne nuit en rien à l'ensemble. De la forteresse primitive, on découvre les vestiges de l'aile droite de la cour d'honneur. Ancienne aussi, l'aile gauche, dite « maison du roi ». Mais le logis central, l'ordonnance régulière des fenêtres, les deux tours coiffées de dômes confèrent à l'ensemble une élégance princière. ■

Sur les traces du « Démon de midi »

« D'une mosaïque bosselée, gris de plomb et gris d'étain, sous les écailles gris d'argent des toitures, le château est fait à plaisir de tours et tourelles rondes, d'échauguettes, de contreforts, de lucarnes grillées, de pignons à girouettes. Ce semble le rêve d'un capitaine d'arbalétriers qui aurait aimé à la fois les gaies bergerettes sentant le serpolet, et le gonfanon, l'armet, la rondache, tous les accessoires du fourniment romantique » (Henri Pourrat). Sur un promontoire, non loin d'Orcival, embrassant deux vallées, le château de *Cordès*, qui prêta son cadre au roman de Paul Bourget, *le Démon de midi* (1914), contemple son image dans l'eau de ses bassins. Cette masse imposante et grise, dont l'accès était protégé au XVe siècle par d'inexpugnables enceintes — détruites au XVIIe —, conserve néanmoins le souvenir de son passé aux avatars multiples. Guillaume de Chalus en devint le premier maître

▲ *Un castel médiéval, une terrasse à la française dessinée par Le Nôtre, un ensemble romantique : Cordès.*

aile basse, ajoutée au XVIIIe siècle afin de fournir des appartements moins sévères, ne rompt en rien l'équilibre de la partie ancienne.

Le château-forteresse d'Anjony fut, du XVe au XVIIe siècle, le théâtre d'une sorte de vendetta tragi-comique. Il fut, en effet, édifié par Louis d'Anjony, issu d'une famille enrichie par le commerce des peaux, à l'emplacement même de la maison forte de Larmandie, démembrée de la seigneurie de Tournemire. Si les Tournemire, au contraire des Anjony, appartenaient à la plus ancienne noblesse féodale, leur fortune, depuis les croisades, n'était plus que souvenir. Incapables de rembourser les emprunts faits aux Anjony, ils durent céder, terre après terre, une grande portion de leur fief. Mais Rigaud de Tournemire vit d'un fort mauvais œil la construction d'une place forte sur ce qu'il considérait toujours comme son domaine. Entre les deux familles, les choses se gâtèrent vite. Des brimades, puis des mots blessants, on en vint aux bagarres, au meurtre même. Si bien qu'en 1623 les deux familles décidèrent d'en finir par un combat loyal en public. Les Anjony y furent vaincus. Mais un mariage, en 1643, entre Michel II d'Anjony et Gabrielle de Pesteils, héritière de la branche aînée des Tournemire, mit enfin un terme à cette longue lutte. Le château restait entre les mains des Anjony, qui le possèdent toujours.

Le château contient des trésors inestimables : notamment, dans la chapelle, des fresques du XVIe siècle représentant la vie et la Passion du Christ, mais aussi, au deuxième étage de la forteresse, une décoration murale, également du XVIe, retraçant l'histoire des Neuf Preux : Hector, Alexandre le Grand, César, Josué, Judas Maccabée, David, Arthur, Charlemagne et Godefroi de Bouillon, ainsi que les portraits en pied, grandeur nature, de Michel d'Anjony et de son épouse, Germaine de Foix.

Quant à l'ancien château de Tournemire qui servit, dit-on, de prison au redoutable Aymerigot Marchès, chef des routiers, il n'en reste à présent que des vestiges peu spectaculaires.

Par souscription forcée : Messilhac

Qui vient céans et rien ne aporte
Soict diligent passer la porte
Car notre estat ne peult porter
Céans venir sans rien porter...

Cette inscription gravée dans l'entrée du grand escalier du château de *Messilhac* a-t-elle fait rebrousser chemin aux visiteurs arrivés là les mains vides? Peut-être. Mais sans doute y en eut-il assez pour prendre cette injonction au pied de la lettre et contribuer, peu ou prou, à l'embellissement des lieux. Le château de Messilhac, niché dans l'écrin de forêts de la vallée du Goul, est incontestablement magnifique avec sa façade Renaissance qui atténue l'austérité de l'ensemble. Cette façade, construite en 1531 sur l'initiative de son propriétaire, Jean de Montamat, a valu à Messilhac une juste

Châteaux d'Auvergne. 17

en 1268. Quatre siècles virent seize générations lui succéder. Parmi les héritiers ultérieurs, Yves de Tourzel, marquis d'Allègre, fit d'utiles aménagements extérieurs en dépouillant les tours de leurs mâchicoulis, en agrandissant les fenêtres sur les façades nord et ouest et en commandant à Le Nôtre les idylliques jardins à la française. En outre, le marquis d'Allègre se plut à aménager les communs et à décorer l'intérieur du château. Au XVIIIe siècle, un avocat au parlement de Riom restaura la chapelle (1755). Après maints changements, l'actuel propriétaire, grâce au concours des Monuments historiques, a redonné à Cordès sa splendeur passée. D'admirables jardins mènent à l'entrée où l'on peut contempler le gisant d'Yves II d'Allègre, mort à Ravenne en 1512. ■

En bordure de la Limagne

Monsieur de La Palice est mort,
Mort devant Pavie.
Hélas! S'il n'était pas mort,
Il ferait encore envie.

De « ferait » à « serait », de « envie » à « en vie », il n'y a qu'un pas, celui qu'aurait franchi le transcripteur de ce couplet, vouant ainsi à une gloire immortelle Jacques II de Chabannes, seigneur de La Palice, maréchal de France. Plus de ses hauts faits guerriers, lors de la conquête du Milanais, c'est en réalité de cette « lapalissade » que l'on garde mémoire. Et la petite ville de *Gannat*, bâtie sur la lisière occidentale de la Limagne, au pied de collines granitiques, n'a point oublié son illustre enfant. Mais le passé s'estompe. Les remparts ont disparu au profit de boulevards qui en suivent le tracé. De l'ancien château (XVe s.), seules l'enceinte quadrangulaire et les quatres tours d'angle sont toujours debout.

À quelque 25 km de là, vers le sud, planent sur *Aigueperse* deux grands noms de l'histoire. Cette cité de Grande Limagne fut capitale du comté de Montpensier. Propriété des ducs de Bourbon, elle revint à la Couronne. Érigé en duché peu après par François Ier, Montpensier retournait, en 1539, à une autre branche de la maison de Bourbon avant d'appartenir, jusqu'en 1789, à la famille d'Orléans. Ainsi le duché échut-il, sous Louis XIV, à la Grande Mademoiselle, héroïne de la Cour et de la Fronde...

À 3 km d'Aigueperse, au-dessus du village de Chaptuzat, sur le rebord d'un plateau d'où la vue embrasse une large partie de la Limagne, se dresse le château de *La Roche*, lieu de naissance présumé de Michel de L'Hospital, chancelier de France et apôtre de la tolérance dans la période, ô combien sanglante!, des guerres de Religion. Une sagesse dont Joachim du Bellay se fit le chantre dans *les Regrets* :

« Si je voulois louer ton sçavoir,
  [ta prudence,
Ta vertu, ta bonté et ce qu'est
  [vraiment tien,
A tes perfections je n'adjouterois
  [rien,
Et pauvre me rendroit la trop
  [grande abondance. »

La Roche-lès-Aigueperse n'était guère, au XIIe siècle, qu'une tour de guet de plan ovale, avant-poste du château de Montpensier. D'ici, une petite garnison de soldats pouvait surveiller la route de Riom et contrôler la frontière entre

Dans la vallée de la Dore,
accueillante forteresse que celle de la Barge,
▼ avec sa colonnade et son balcon à balustres.

renommée. L'origine du château se révèle cependant beaucoup plus ancienne : une tradition familiale date la tour ouest de 1060 et le reste des bâtiments du XIVe siècle. Jadis protégé par une enceinte crénelée, hérissée de cinq ou six tours, Messilhac se compose aujourd'hui d'un corps de logis central enserré entre deux imposantes tours carrées, couronnées de mâchicoulis, la tour ouest portant, greffées sur elle, deux petites tours de guet.

Lors de la guerre de Cent Ans, au cours de laquelle le Cantal eut tant à souffrir, Messilhac tomba entre les mains de Compagnies anglaises (1360). Libéré, puis repris en 1369, quand les Anglais s'emparèrent de Carlat, il fut alors occupé par le Gascon Raymond de Sor, qui en fit sa garnison. Lorsque Raymond de Sor consentit, en 1391, à décamper moyennant tribut, le château connut de nouvelles épreuves. Le seigneur de Messilhac, Pierre de Bénavent, dut faire face à une attaque de Renaud de Murat, lequel refusait la suzeraineté du seigneur de Carlat sur sa vicomté. L'armée de Murat occupa tous les châteaux de la vallée du Goul (sauf Cropières). Messilhac tomba, mais Carlat refoula l'envahisseur et délivra le seigneur de Bénavent.

Les blessures sont cicatrisées. Et Messilhac accueille des visiteurs plus pacifiques. Il est impossible d'inventorier tous les souvenirs qu'il recèle. Une mention toute particulière doit cependant être faite de la cuisine voûtée, qui a conservé son aspect d'autrefois, et du pigeonnier, bâti au XVe siècle par ordonnance royale.

En revanche, il ne subsiste que bien peu de chose du château de *Carlat*, siège de la vicomté de Carlat et centre féodal du Carladès : quelques traces, à fleur de terre, du mur d'enceinte et des tours qui faisaient de ce grand rocher de basalte, haut d'une trentaine de mètres, une redoutable citadelle. Le rocher de Carlat fut fortifié dès le IXe siècle et permit d'arrêter, en 839, Louis le Débonnaire, en guerre contre les seigneurs aquitains. En vérité, toute son histoire est liée aux combats de la guerre de Cent Ans, aux luttes seigneuriales et religieuses. Henri IV, conscient du danger que représentait cette place forte, la fit raser en 1604.

Les châteaux de la Limagne

La Limagne ou, plus exactement, les Limagnes (de Brioude, d'Issoire et de Clermont), plaines d'effondrement bordées de plateaux granitiques, étroites au sud, plus larges vers le nord et le Bourbonnais, permettent de pénétrer aisément au cœur de l'Auvergne. De cela les seigneurs féodaux eurent évidemment conscience. Aussi s'efforcèrent-ils d'y porter remède en édifiant des places fortes : simples fortins ou ouvrages plus complexes, leur mission était en principe défensive, parfois offensive. La Limagne, qu'arrose l'Allier, ne manquait ni de ressources ni de richesses : la tentation devait donc être grande de s'y enfoncer et de faire main basse sur le bétail, les récoltes ou les trésors d'une seigneurie rivale.

Si le château de Tournoël est le plus fameux de ces bastions, il en existe beaucoup d'autres, qui, comme lui, n'échappèrent pas aux représailles de Richelieu. Mais s'il ne reste à peu près rien de centaines de forteresses, leur site demeure aussi altier, leur vue sur la plaine aussi belle qu'auparavant. Il en est ainsi d'*Usson* : quelques

▲ *Le manoir de La Roche-lès-Aigueperse :
un édifice bien féodal,
avec enceinte et tours crénelées.*

l'Auvergne et le Bourbonnais. Tombée entre les mains des routiers anglo-gascons de Robert Knolles en 1359, libérée par le duc Louis de Bourbon et rendue au duc Jean de Berry, seigneur de Montpensier, La Roche fut restaurée et agrandie par celui-ci. Mais, comme beaucoup des châteaux d'Auvergne, l'édifice n'échappa que de justesse à la destruction définitive..., au siècle dernier.

La tour primitive du XIIe siècle demeure visible, ainsi que le donjon carré qu'on lui adjoignit au XIIIe. Un corps de bâtiment allongé les relie tandis qu'une aile en arc de cercle rejoint une autre tour carrée. Si l'on a presque complètement démoli le mur d'enceinte pour pratiquer une ouverture sur les jardins, il en subsiste une partie, encadrée par deux tours rondes. ■

tours rondes découronnées, deux portes, une citerne et un ancien puits, voilà tout ce qui reste d'une importante forteresse où Marguerite de Valois, la célèbre reine Margot, épouse de Henri IV, vécut exilée, de 1585 à 1605. Mais quel panorama sur la vallée de l'Allier et les montagnes qui la dominent! Le château de *Nonette* eut la même destinée et disparut en 1635, un an après Usson. Il fut l'un des plus anciens et des plus puissants de toute l'Auvergne. Quant à celui de *Léotoing* (XIVe s.), juché sur un éperon rocheux au-dessus des gorges de l'Alagnon, il n'offre plus que des ruines..., qui méritent toutefois l'excursion, ne serait-ce que pour les paysages que, de là-haut, le regard découvre : le Velay, le Cézallier, le Livradois, la Limagne de Brioude...

Au sud de Clermont, invariablement accrochés sur les hauteurs, on trouve encore *Montpeyroux*, avec son beau donjon cylindrique du XIIe siècle; *Vic-le-Comte; Bosséol,* qui embrasse de larges horizons; *Le Crest; Buron,* sis à la pointe d'un piton basaltique; *Opme,* le château des dauphins d'Auvergne (forteresse carrée en lave noire du XIIe siècle, dont le donjon, haut de 22 m, culmine à 700 m); *Saint-Saturnin* (un donjon quadrangulaire); *Randan,* reconstruit au XVIe siècle, mais finalement disparu dans un incendie en 1925; et *Mauzun,* fief des évêques de Clermont, que Massillon, l'un de ses évêques, fit détruire; Mauzun était défendu par une triple enceinte de murailles et par dix-neuf tours, nombre égal à celui des villages qui relevaient de sa seigneurie; onze d'entre elles se devinent encore.

Au contraire de la plupart des vigies de la Limagne, le château de *Ravel,* qui domine la plaine de Lezoux, est resté l'une des plus somptueuses demeures de l'Auvergne, ou plutôt l'est devenu, grâce à la famille d'Estaing. De sa première destination, Ravel (ou Revel) a conservé ses tours d'angle, son donjon cylindrique du XIIIe siècle. Mais son intérêt principal réside dans les transformations, extérieures comme intérieures, que lui apportèrent, à partir du XVIIe siècle, les descendants de Déodat, dit «Tristan», baron d'Estaing, le sauveur de Philippe Auguste à la bataille de Bouvines (1214). Les austères fenêtres furent percées, une galerie à arcades supportant une terrasse ajoutée à la façade nord, des parterres à la française dessinés par Le Nôtre (?). La cour d'honneur, ouverte au midi, est entourée de trois corps de logis du XVIIe, remaniés sous Louis XVI. Un grand escalier Louis XIV permet d'accéder à l'étage dont les appartements, richement décorés et meublés, peuvent se visiter.

De par le Velay

«Le château de mes pères, très bien nommé le château de La Roche, est bizarrement incrusté dans l'excavation d'une muraille de basalte de cinq cents pieds d'élévation. La base de cette muraille forme, avec son vis-à-vis de roches identiques, une étroite et sinueuse vallée où, à travers de charmantes prairies ombragées de saules et de noyers, serpente et bondit, en cascatelles impétueuses, un torrent inoffensif... Le petit manoir est, quant à l'extérieur, un vrai bijou d'architecture, assez large mais si peu profond que la distribution en est fort incommode. Tout bâti en laves fauves du pays, il ne ressemble pas mal, vu de l'autre côté du ravin, à un ouvrage découpé

Châteaux d'Auvergne. 19

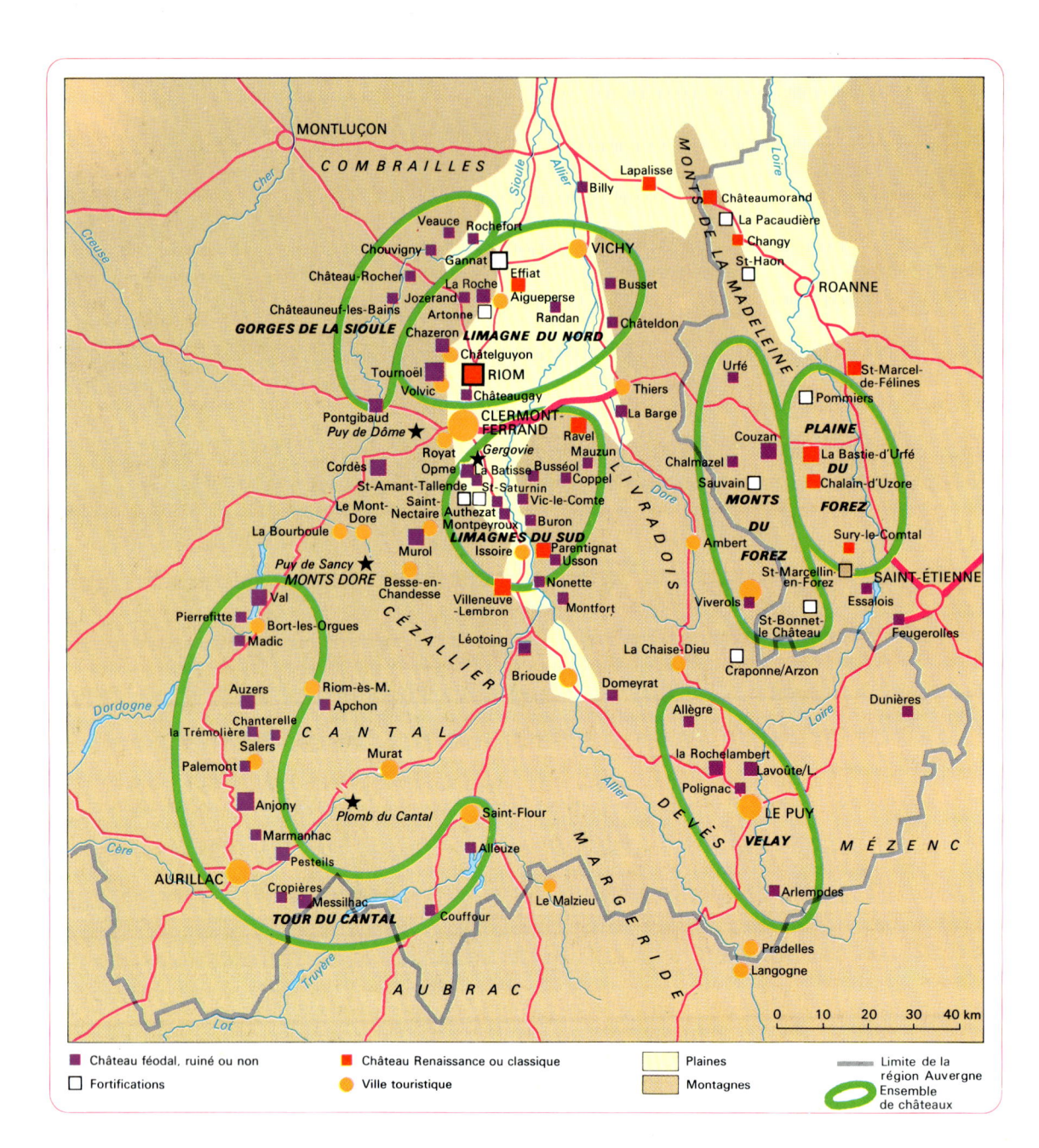

Une bonne table

Au touriste amateur de châteaux, l'Auvergne offre d'innombrables richesses. Et au fil des circuits qu'elle organise de plus en plus, la tentation est grande de faire une pause dans l'un de ces restaurants où se perpétuent les vieilles traditions culinaires.

Outre une charcuterie et des salaisons variées, la gastronomie auvergnate compte des spécialités qui, pour sembler parfois rustiques et lourdes, ne manquent généralement ni de recherche ni de finesse. Chou, pomme de terre, lard en constituent les « ingrédients » favoris. Sans oublier les fromages (bleu, cantal) qui servent à préparer de nombreuses entrées. Citons quelques-uns de ces plats locaux :
— la célèbre *soupe aux choux*, meilleure encore lorsqu'elle est mijotée sur un feu de bois ;
— la *potée*, non moins fameuse, sorte de pot-au-feu préparé avec du porc salé, accompagné de choux, navets, oignons, carottes, poireaux, pommes de terre, et agrémenté d'ail ;
— le *coq au vin* : flambé à l'eau-de-vie et cuit dans un vin d'Auvergne ;
— le *gigot brayaude* ou *gigot de mouton de 7 heures*, mitonné dans du vin blanc sec avec du lard, des oignons, des herbes, servi avec des haricots rouges et des choux braisés ;
— le *pountis* : plat cantalien par excellence qui se prépare de plusieurs manières, avec des œufs, du lard, du jambon ou de la viande, des fines herbes, du lait, éventuellement des pruneaux… ;
— la *fouace* : galette de fine fleur de froment, parfumée avec un petit verre de Cognac et de la fleur d'oranger.

Il faudrait aussi mentionner l'*omelette* aux pommes de terre, au lard et au fromage râpé, la *soupe aux marrons*, les *truites* au bleu et à la meunière, les *écrevisses à la menthe*, les *cèpes farcis*, les fameux *tripoux*, le *ragoût aux carottes*… ■

---

en liège… » Ainsi, dans son roman *Jean de La Roche*, George Sand décrit-elle le « romantique » château de son amie de jeunesse, la marquise de La Rochelambert, où elle séjourna en 1859.

Ce « vrai bijou d'architecture » où l'on conserve, dans une chambre, des souvenirs du passage de la romancière, possède des vestiges du XIIe siècle mais date, dans son état actuel, du XVe s. Il vit cheminer alors les innombrables pèlerins qui se rendaient à Saint-Jacques-de-Compostelle par la route du Puy. En 1562, Blacons, lieutenant du baron des Adrets, de sinistre mémoire, massacra, pilla et s'empara du château. Puis les huguenots en incendièrent une partie. On le restaura à la fin du XVIe siècle et on dota ses tours de toits en poivrière. Depuis, rien n'a changé. Du moins extérieurement. Tel que George Sand le vit, il demeure aujourd'hui, caché au milieu des bois, au-dessus de la Borne, un petit torrent capricant. Aménagés, les appartements (salle Catherine-de-Sens, chambre gothique, etc.) abritent une extraordinaire collection d'œuvres d'art.

Non loin, plus à l'est, une Loire indolente encercle le château de *Lavoûte-Polignac*. Avec ses grosses tours d'angle dont le pied semble s'enfoncer dans le roc, il a grande allure. Qu'on ne s'y trompe pourtant pas ! Il s'agit là d'une reconstitution fort adroite : cette demeure somptueuse a été, en effet, rebâtie en 1888 par le marquis Guy de Polignac.

Dès le IXe siècle, pour lutter contre le chef normand Hasting qui remontait le fleuve en pillant ses rives, une place forte, qui appartenait déjà à la famille des Polignac, occupait cet emplacement. L'ouvrage primitif fut agrandi au cours des siècles suivants et les Polignac, grands seigneurs du Velay, y installèrent leur résidence d'été, moins sévère que leur autre forteresse, toute proche (dont on peut voir encore de belles ruines de la fin du XIVe, ainsi qu'un superbe donjon, haut de 32 m).

L'histoire du château de Lavoûte et celle de ses propriétaires demeurent étroitement liées. Pendant la guerre de Cent Ans, tandis que les routiers envahissaient l'Auvergne et le Velay qu'ils mettaient à sac, Randon Armand X de Polignac leva une armée pour les combattre. Son courage fut exemplaire : on le surnomma le « taureau de Salzuit ». Une fois le Velay débarrassé de ces hordes sauvages, le vaillant capitaine revint à Lavoûte, qu'il fortifia encore et embellit. D'autre part, c'est dans la grande salle de Lavoûte que se rencontrèrent, en 1592, les représentants des protestants et ceux de la Ligue pour tenter d'aboutir à un accord. La pacification qui en résulta amena toute la province à embrasser la cause de Henri IV.

Parmi les autres châteaux du Velay, il convient de citer aussi celui de *Domeyrat* dont on peut voir, au-dessus de la Sénouire, une enceinte entière flanquée de quatre tours ; celui d'*Arlempdes* sur un rocher surplombant une boucle de la Loire, dont il reste divers vestiges et une jolie chapelle romane ; et, enfin, le château d'*Allègre*, forteresse du XIVe dont subsistent deux tours, reliées par une galerie de mâchicoulis tréflés.

sanctuaires d'Auvergne et du Velay

◀ *De facture plutôt austère, Notre-Dame-des-Miracles de Mauriac : le plus vaste sanctuaire roman de la haute Auvergne.*

▲ *Dominant un chevet au décor mosaïqué, le clocher de Saint-Saturnin à arcades géminées.*

Harmonie de volumes ▶ savamment ordonnés, le chevet à chapelles rayonnantes de l'église de Saint-Nectaire, animé d'une marqueterie de pierre.

Des églises d'Auvergne qui symbolisent, par leur architecture toute de simplicité et d'équilibre, le grand élan de foi de l'âge roman, le chevet est l'élément le plus accompli et le plus caractéristique.

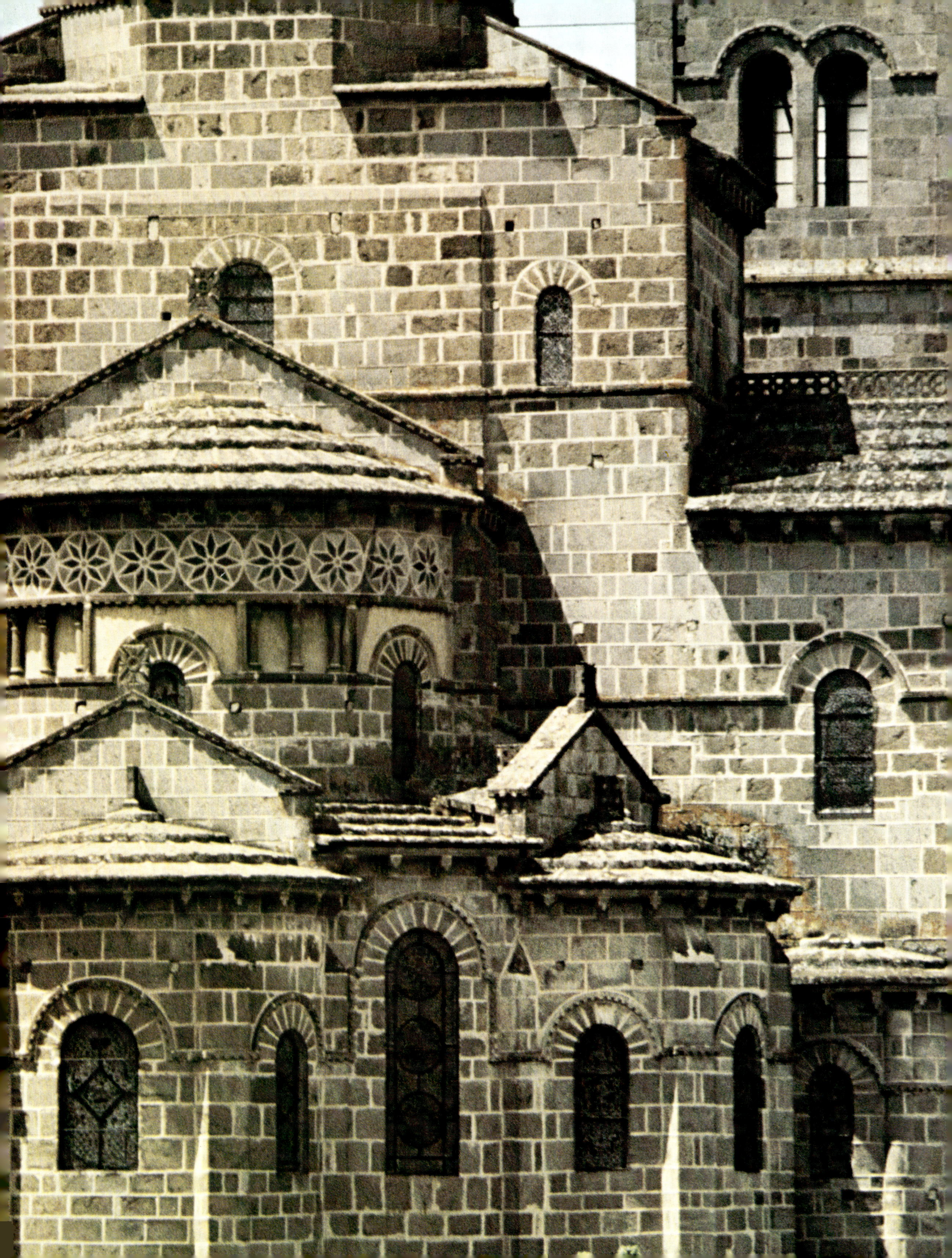

Architecture puissante, bel équilibre des proportions, décoration poussée des absidioles, le chevet de Saint-Austremoine.

◀ *Haut de près de 10 mètres, le bas-côté sud de l'église, badigeonné de couleurs vives au XIXe siècle.*

▲ *Dans le chœur richement décoré, l'un des chapiteaux sculptés, datant du XIIe siècle et retraçant la Passion du Christ.*

*La décoration intérieure de ces sanctuaires romans,
hauts et sombres vaisseaux, d'aspect robuste et imposant,
se réduit souvent à des mosaïques de pierres de couleur
et à des chapiteaux sculptés avec fantaisie,
comme à Saint-Austremoine d'Issoire.*

▲ *Échappée
sur l'une des chapelles
du chevet, couronné
par le clocher octogonal
à deux étages.*

◀ *Propice à la prière,
l'obscurité qui règne
dans la haute nef
fait converger le regard
vers la luminosité du chœur.*

▲ *Les chapiteaux
des huit hautes colonnes
qui séparent le chœur
du déambulatoire
sont un véritable livre d'images.*

*Églises puissantes et rudes, belles et graves,
qui « donnent une saisissante impression d'aplomb
et d'unité » (Paul Bourget)... Notre-Dame-du-Port, à Clermont,
en est l'un des modèles les plus achevés.*

Églises d'Auvergne. 7

▲ Que de pèlerins
gravirent
les vieilles rues pavées
de cette étape essentielle
sur le chemin de Compostelle!

Au bout de la rue ▶
des Tables,
l'étrange façade ouest
avec ses jeux
de laves polychromes.

La cathédrale du Puy,
cernée de vieilles maisons,
se juche sur un piton
d'origine volcanique.
Curieux édifice qui,
fréquenté au Moyen Âge
par les pèlerins en route
pour Saint-Jacques-de-Compostelle,
allie au style roman le plus pur
une ornementation
à la fois orientale et byzantine.

Au secret de la cathédrale, ▶▶
la célèbre Vierge noire,
copie de la statue primitive
brûlée sous la Révolution.

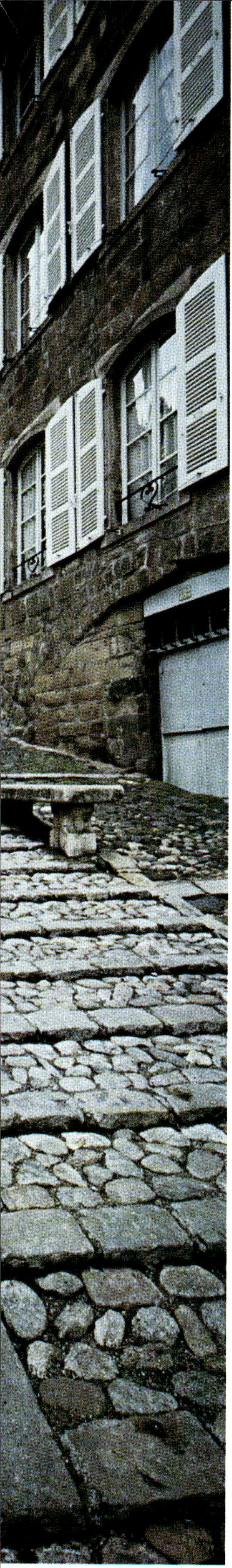
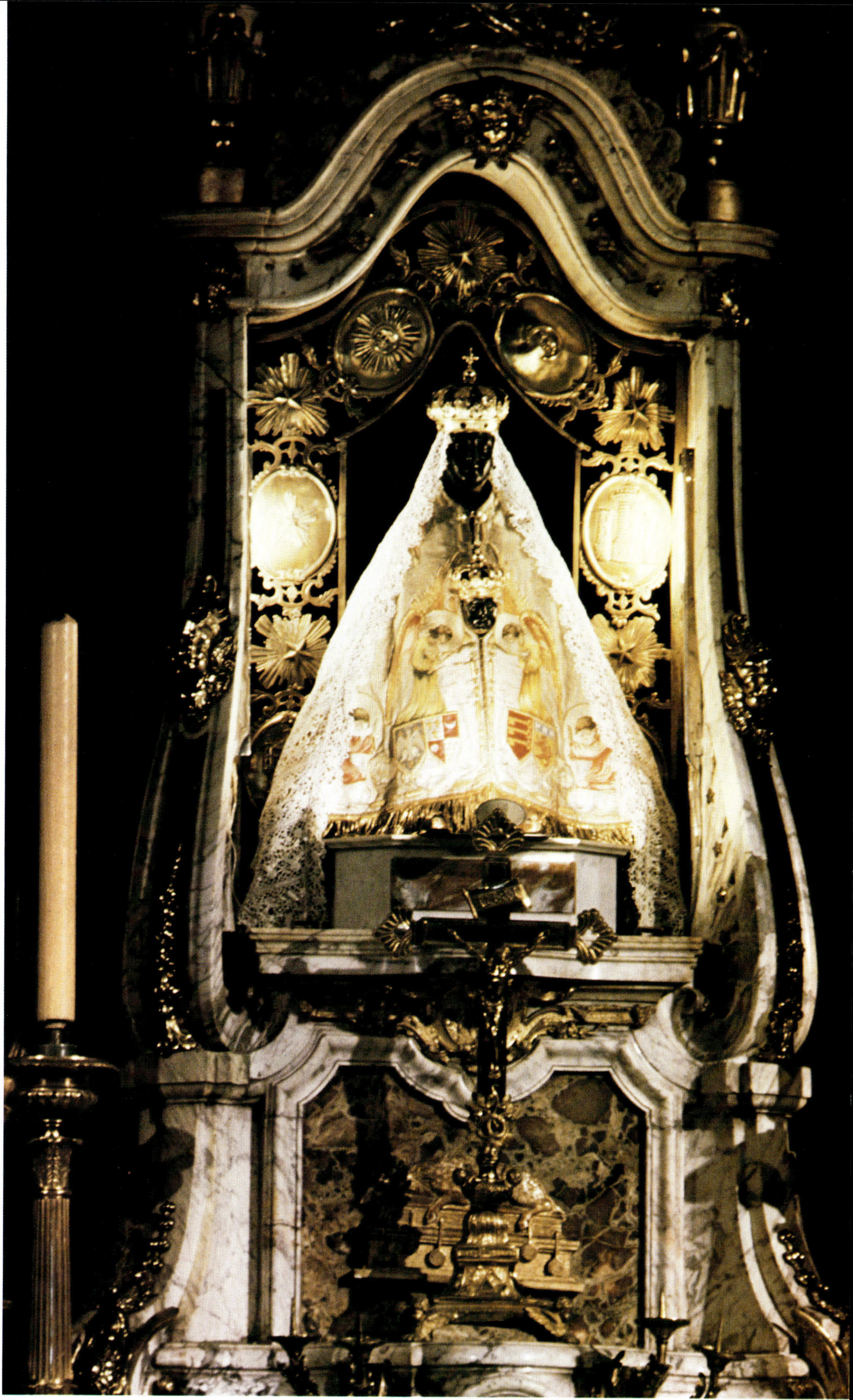

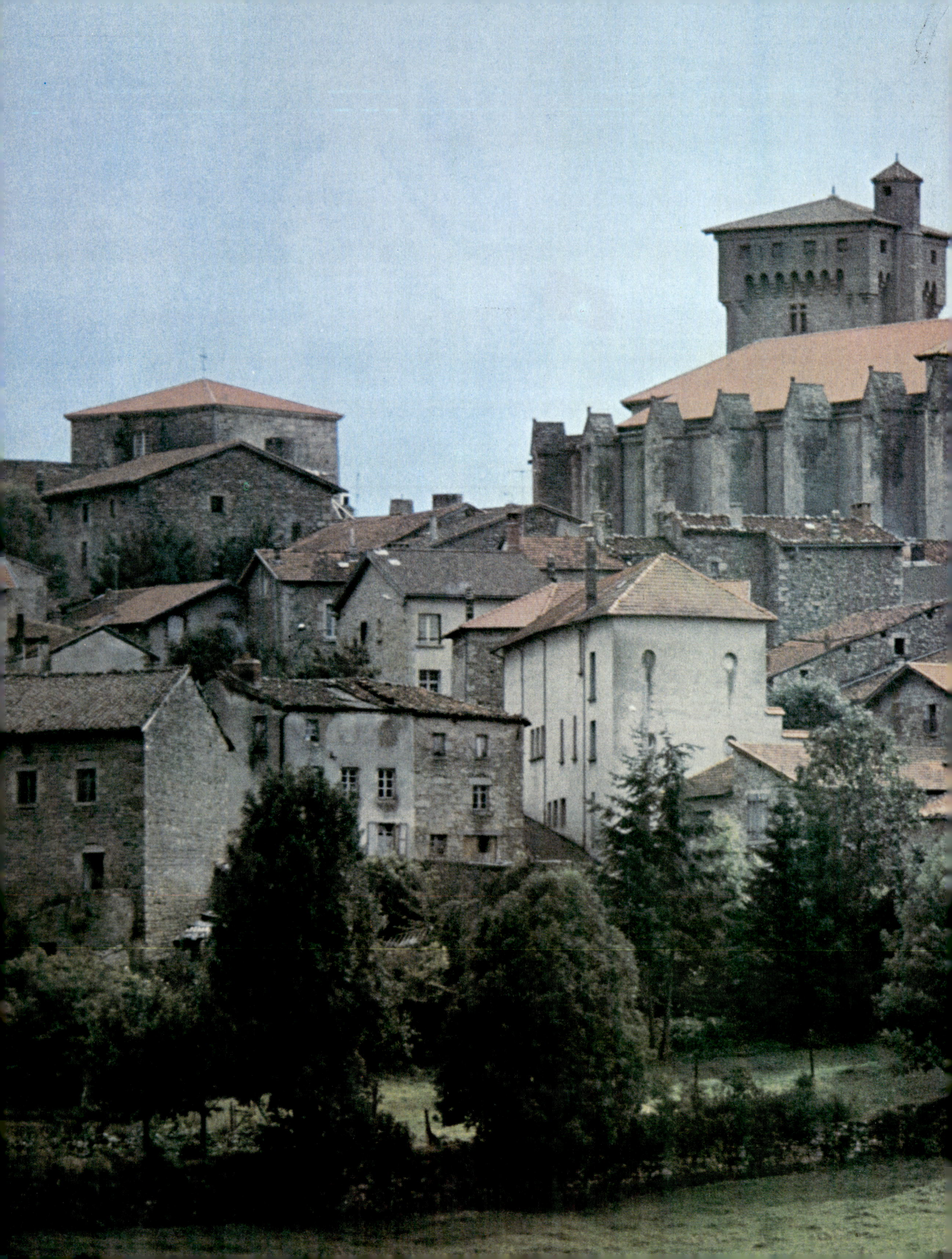

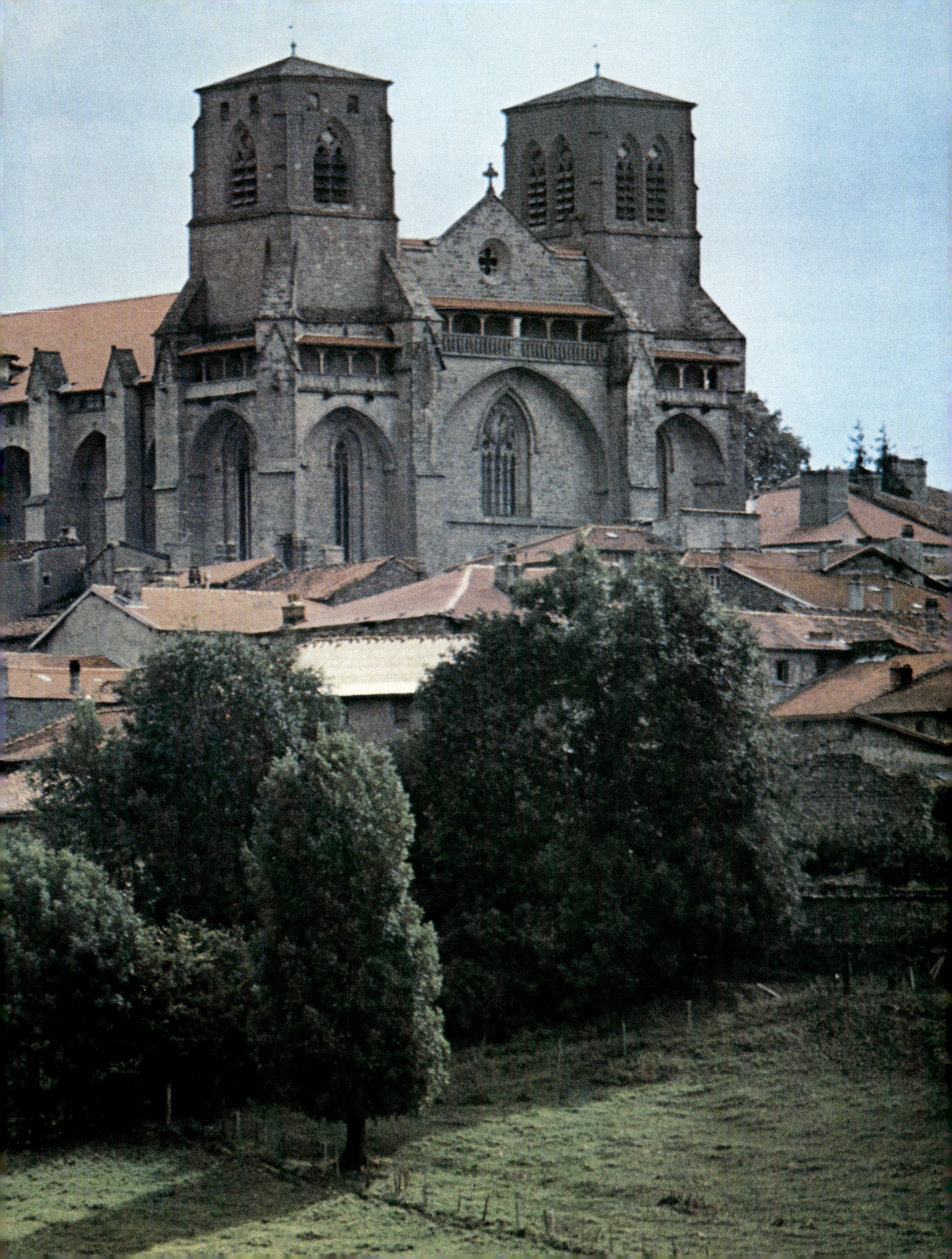

◄ *L'abbatiale gothique Saint-Robert
de La Chaise-Dieu,
et, à l'arrière-plan,
la tour Clémentine.*

▲ *Sur un plateau
au-dessus des gorges de l'Auze,
le petit village cantalien
de Brageac et son église romane.*

Aune Auvergne belle et grave, à une race façonnée par un long isolement dans une nature difficile, l'art roman apporta une architecture robuste et sobre, faite d'harmonie dans la distribution des masses et de pureté dans l'équilibre des lignes. Les monuments auvergnats ne possèdent sans doute ni l'envolée ni les dimensions qui, en d'autres régions, caractérisent cathédrales ou abbatiales : le matériau est moins riche, moins coloré et la sculpture moins épique. Et pourtant, l'art roman trouve en cette contrée l'une de ses expressions les plus accomplies, l'une des plus spécifiques aussi. « Les églises d'Auvergne sont peut-être les plus romanes des églises romanes. On y trouve le meilleur de l'esprit de l'art roman, lequel est fait moins de lyrisme que de sagesse, d'audace que d'équilibre, de charme que de spiritualité » (chanoine Bernard Craplet). Il s'agit là d'un art rural, pour de solides paysans; d'églises modestes mais amoureusement décorées, pour des pays sans fortune mais longtemps dévots.

En revanche, l'art gothique eut du mal à s'imposer, et le XIVe siècle même demeura fidèle au roman. Le pays auvergnat reçut le nouveau style à la fois du Nord et du Languedoc. Il l'adopta peu à peu, mais jamais il ne lui imprima sa marque. Il lui en reste, certes, de nobles monuments (la cathédrale de Clermont, l'abbaye de La Chaise-Dieu sont les plus prestigieux), mais ils ne reflètent pas la force spirituelle qui anima l'époque romane.

De l'art roman auvergnat

Il est difficile de dater avec précision la construction de ces églises, qui commencèrent à éclore au Xe siècle, lorsque, avec la fin des grandes invasions, l'établissement de la royauté capétienne instaura une période de paix et de relative prospérité. De nombreux monastères s'élevèrent d'abord en bordure des voies de pèlerinage; puis, en raison d'une vie religieuse très active, fleurirent des édifices plus importants, surtout à partir de la fin du XIe siècle.

Si le plan de construction évolua au fil des temps, il resta toujours fondé sur la croix latine, dessinée par la nef, le chœur orienté à l'est et les bras du transept. Les églises ne sont jamais très grandes. Le narthex, sorte de vestibule surmonté d'une tribune, est d'une seule travée. Il précède la grande nef, au nombre de travées variable, voûtée en berceau et qui possède une structure particulière : les murs intérieurs de la nef soutiennent la maîtresse voûte, dont des demi-berceaux, placés au-dessus des bas-côtés, contribuent à maintenir la poussée. Cette armature très solide a permis d'alléger les piliers de support et confère à l'ensemble une allure un peu sévère, aux lignes pures et élégantes.

La nef est flanquée de bas-côtés se prolongeant par un déambulatoire qui donne sur des chapelles et entoure le chœur. Le transept déborde largement de part et d'autre de la nef pour ouvrir les bras de la croix. Sa croisée est encadrée par quatre grands arcs-diaphragmes, inspirés de la tradition carolingienne et qui supportent une coupole ainsi que le clocher octogonal. Un jeu de « trompes » — ou, plus précisément, de « trompe-l'œil », petites voûtes en forme de conques — permet de passer sans heurt du plan carré de la croisée du transept à l'octogone du clocher. Quant au chœur, partie triomphale de l'église, il est le lieu vers lequel convergent toutes les lignes de l'architecture. Surélevé de plusieurs marches, recevant le jour de nombreuses fenêtres, abondamment décoré, mis en valeur par un jeu complexe de colonnes, de chapiteaux, d'arcades, il se veut la plus haute expression de l'hommage à Dieu.

À cette belle ordonnance intérieure répond parfaitement l'extérieur de l'église. Le chevet, très étudié, assure le parfait équilibre architectural de l'édifice. Les volumes qui le composent organisent sans heurts la pyramide qui se termine par la pointe du clocher. Et la géométrie pure qui préside à l'agencement des formes se marie avec le souci de décoration (damier ornant la tranche des corniches, billettes soulignant les fenêtres) qui adoucit les lignes. Le « massif barlong » (rectangulaire), qui soutient le clocher et s'élève au-dessus du transept, en saillie au-dessus du toit, est aussi un élément caractéristique de l'art roman auvergnat. Quant aux façades principales, elles sont, en raison du climat rigoureux, dénuées d'ornements. Les murs latéraux, mieux abrités, sont souvent ornés d'arcades-contreforts, qui soulignent extérieurement les travées de la nef, et d'arcs illustrant le tracé des tribunes.

Si l'on trouve peu de sculptures dans les églises romanes d'Auvergne, c'est d'abord que la pierre, d'origine volcanique, se prête assez mal au travail du ciseau. C'est aussi une question de tempérament. Le style des chapiteaux armoriés, qui retracent des scènes de l'Évangile et s'inspirent librement de la tradition orientale, reste toujours d'une facture un peu rude, sans lyrisme. Les personnages sont cependant pleins de vie. Lorsqu'ils traitent du fantastique, les sculpteurs auvergnats ne sombrent pas dans le délire grouillant de monstres et de chimères, l'iconographie demeure sobre, le sens de l'humain n'est jamais perdu de vue.

Les joyaux de la Limagne

Le style roman semble avoir trouvé sa plus noble inspiration, en basse Auvergne, dans la riche Limagne et ses abords, avec les magnifiques églises de Clermont, d'Orcival, d'Issoire, de Saint-

12. Églises d'Auvergne

De par le Bourbonnais roman

Arrosé par le Cher, l'Allier, la Sioule et la Besbre, l'ancien duché de Bourbon — aujourd'hui département de l'Allier — est un pays bocager doucement vallonné où églises et monastères témoignent d'une architecture originale. Du fait de la répartition des paroisses entre les diocèses de Clermont, d'Autun et de Bourges jusqu'à la Révolution, les influences auvergnate, bourguignonne, berrichonne s'y expriment et parfois s'y mêlent. Peut-être n'y trouve-t-on pas de chefs-d'œuvres, mais le Bourbonnais n'en possède pas moins des monuments séduisants.

Tel est le cas de la grande abbatiale Saint-Léger d'*Ébreuil*, au bord de la Sioule. Bâtie au Xe siècle par les moines de Saint-Maixent en Poitou réfugiés en ces lieux, elle n'est qu'en partie romane. Les arcades précédant le chœur sont d'origine, mais la nef, non voûtée et couverte d'une charpente, le bas-côté nord et le transept dateraient du XIe siècle. Le chevet fut reconstruit dans le style gothique à la fin du XIIe siècle. À l'ancienne façade romane a été accolé, vers 1125, un clocher-porche à deux étages qui rappelle celui de Saint-Benoît-sur-Loire. L'intérêt de l'église réside aussi dans les peintures du XIIe siècle qui décorent les parois de la tribune, et dans la frise ornée de scènes de chasse et d'animaux fabuleux.

Il faut également voir, au nord d'Ébreuil, l'église Saint-Maurice de *Vicq*, qui, élevée au XIIe siècle, fut remaniée et possède une intéressante crypte romane; et, surtout, l'église de *Veauce*, dont le chevet, entouré

▲ *La belle simplicité du chevet de l'église romane Sainte-Croix de Veauce, construite en pierres ocres.*

L'ancienne abbatiale romane Saint-Léger d'Ébreuil :
un clocher-porche à deux étages
▼ *occupe toute la façade occidentale.*

Nectaire, de Saint-Saturnin, de Mozac, d'Ennezat, entourées d'une pléiade d'édifices qui font du département du Puy-de-Dôme le haut lieu de l'art roman auvergnat.

Bien enfoncé au cœur du Massif central, mais dans la plaine de Limagne grande ouverte vers Paris, *Clermont-Ferrand* doit à sa situation privilégiée d'être depuis des siècles la capitale de l'Auvergne. Les cités de Clermont, où le pape Urbain II prêcha en 1095 la première croisade, et de Montferrand, qui vit naître Blaise Pascal, longtemps rivales et réunies par édit royal de 1630, fusionnent dans un ensemble tentaculaire qui gagne au sud le plateau Saint-Jacques et, au nord, couvre peu à peu les versants des côtes de Clermont et du puy de Chanturgue. À l'origine de cet essor : la position géographique, puis l'industrie du caoutchouc et l'entreprise des frères Michelin. Cernés par les constructions modernes, les deux embryons historiques ont survécu, et, perché sur une butte basaltique, Clermont, le plus ancien (ce fut une importante cité gallo-romaine), serre, autour de la basilique Notre-Dame-du-Port et de la cathédrale gothique, ses vieilles maisons de lave noire et ses pittoresques artères, où ont été conservés quelques témoignages intéressants des XVIe et XVIIe siècles.

Mais la majeure partie de la basilique serait plus ancienne encore (XIe et XIIe s.). Construite en arkose blonde — ce grès feldspathique qui, jusqu'à la fin du XIIe siècle, avant l'utilisation de la lave noire de Volvic, servit à bâtir les églises auvergnates —, Notre-Dame-du-Port suit le plan classique des grandes églises romanes d'Auvergne, et son architecture est d'une unité remarquable. Si son implantation dans la cité ne permet guère le recul nécessaire à une vision d'ensemble, on peut cependant admirer l'élégance du chevet, sans doute la partie la plus accomplie de l'édifice. C'est surtout de l'intérieur, en pénétrant par le portail ouest, qu'on appréciera toute la pureté de sa conception, l'harmonieux équilibre de la nef et du sanctuaire, baignés d'une lumière qui met en valeur la forêt pétrifiée des minces piliers séparant les bas-côtés des cinq travées, les colonnes du chœur, les arcs-diaphragmes du transept. Les chapiteaux du chœur portent une très riche iconographie, due au ciseau de Rotbertus, sculptures célébrant « Marie, nouvelle Ève », l'Ève rédemptrice qui rachète le péché originel.

Encore sous le charme de ce joyau roman, le visiteur se rendra ensuite à la non moins belle mais bien différente cathédrale Notre-Dame, l'un des plus beaux sanctuaires gothiques du centre de la France. Elle fut bâtie aux XIIIe et XIVe siècles sur les fondations d'une église romane (il subsiste une crypte d'époque carolingienne). Long de 94 m et haut de 29, cet imposant vaisseau, auquel la pierre de Volvic confère un aspect un peu sévère, s'inscrit dans le style gothique du Nord. Les voûtes sont élancées, les piliers extrêmement légers. De magnifiques verrières éclairent le chevet, œuvres de

Églises d'Auvergne. 13

Faite de rude granite, Notre-Dame de Châtel-Montagne avec son porche roman d'inspiration bourguignonne.

d'un déambulatoire sans chapelles rayonnantes, rappelle l'architecture des sanctuaires majeurs de la Limagne romane. Plus à l'est, *Gannat* s'enorgueillit de deux églises : Sainte-Croix, qui, reconstruite à l'époque gothique, ne garde de roman que des vestiges de murs, l'absidiole nord et des chapiteaux; et Saint-Étienne, érigée du Xe au XIIe siècle par des bénédictins. Quant à l'église de *Châtel-Montagne*, de l'autre côté de Vichy — sur les contreforts des monts de la Madeleine, dans cette région bossue que l'on nomme « montagne » bourbonnaise —, son architecture originale, en granite du pays, apparaît comme une heureuse synthèse entre l'art roman d'Auvergne et celui de Bourgogne.

Au hasard de la promenade, le visiteur peut découvrir bien d'autres édifices dignes d'intérêt :
— au nord de Gannat, l'ancienne abbatiale de *Saint-Pourçain-sur-Sioule*, élevée au Xe siècle, dont la structure complexe révèle l'apport de plusieurs styles;
— à proximité, la petite église à trois nefs de *Saulcet;*
— plus au nord, l'église de *Châtel-de-Neuvre*, juchée sur un promontoire qui domine le val d'Allier;
— à l'ouest de Vichy, l'église de *Cognat*, à nef unique, bâtie sur une butte à l'écart du village;
— entre Saint-Pourçain-sur-Sioule et Gannat, la petite église de *Barberier* isolée au milieu des champs;
— au sud-est de Moulins, l'église de *Bert*, d'inspiration surtout bourguignonne.

Et il faut citer : *Saint-Désiré,* l'atelier de la Sainte-Chapelle (fin du XIIIe s.). Un seul regret peut-être en quittant cette cathédrale : que le XIXe siècle y ait laissé son empreinte, en abattant les tours romanes de la façade pour élever les deux flèches actuelles. Du sommet de la tour de la Bayette, le panorama sur la Limagne montrait à Chateaubriand « des villages blancs, des maisons de campagne blanches, des vieux châteaux noirs, des collines rougeâtres, des plants de vigne, des prairies bordées de saules, des noyers isolés qui s'arrondissent comme des orangers, ou portent leurs rameaux comme les branches d'un candélabre, mêlent leurs couleurs variées à la couleur des froments ». Des banlieues se sont interposées, mais l'essentiel demeure.

Dans un rayon d'une trentaine de kilomètres autour de Clermont-Ferrand s'élèvent d'autres réalisations de l'art religieux d'Auvergne. Lave et pierres calcaires ont fourni l'essentiel des matériaux, et, si les dimensions diffèrent, les caractéristiques architecturales restent les mêmes, à quelques nuances près.

Le bourg de *Chamalières*, rattaché à l'agglomération clermontoise, possédait jadis cinq églises; une seule subsiste, l'ancienne collégiale Notre-Dame. On y trouve des chapiteaux carolingiens; la nef, partiellement voûtée d'ogives par le XVIIe siècle, serait antérieure à l'an mille. Au nord, à proximité de Riom, l'église Saint-Pierre de *Mozac* est une ancienne abbatiale, malheureusement reconstruite en grande partie au XVe siècle. Son intérêt réside surtout dans le remarquable ensemble décoratif que constituent les chapiteaux de la nef, véritable chef-d'œuvre de l'iconographie romane auvergnate. Deux chapiteaux du chœur, aujourd'hui détruit, sont déposés au fond de l'église : le célèbre chapiteau de la Résurrection et le chapiteau dit « des Atlantes ». L'église conserve une belle châsse en émail limousin de saint Calmin (XIIe s.) et une autre (XVIe s.) d'un style plus rare, en bois peint, renfermant les ossements de saint Austremoine, premier apôtre de l'Auvergne.

Non loin de Mozac, *Marsat* abrite dans son église Notre-Dame, des XIe et XIIe siècles, remaniée par le gothique, une magnifique Vierge noire en noyer peint du XIIe siècle, vénérée depuis des siècles.

Enfin, toujours dans les environs de Riom et au milieu des horizons de la Limagne de Clermont, *Ennezat* possède avec sa « cathédrale du marais » — un marais jouxte la cité — l'une des plus anciennes églises d'Auvergne. Fondée en 1061 par le duc Guillaume VI d'Aquitaine, l'ancienne collégiale Saint-Victor-et-Sainte-Couronne mêle à la couleur claire de l'arkose (nef, bas-côtés, transept en pur style roman) le ton plus sombre de la lave pour le vaste chœur, qui est, lui, gothique. Si son architecture extérieure, profondément remaniée au XIXe siècle, n'offre qu'un intérêt moyen, l'intérieur, en revanche, est admirablement proportionné. La pureté de lignes de l'étroite nef romane aux piliers massifs, aux colonnes à chapiteaux sculptés (le plus célèbre est celui de l'usurier) est extraordinaire : cet art monumental qui s'exprime dans un espace restreint illustre toute l'habileté des architectes d'Auvergne.

La bonne Dame d'Orcival

Mais les églises majeures de la Limagne, il faut les découvrir plus au sud, jusque dans les monts Dore. Ainsi, la basilique Notre-Dame d'*Orcival* dresse sa stature puissante, un peu austère en raison du matériau choisi — une pierre volcanique grise, l'andésite —, au creux d'un frais vallon arrosé par le Soulet, entre la chaîne des Puys et les monts Dore. Cadre d'eau, de bois et de pâturages, qui est lui-même une invite au recueillement. L'extérieur, sans recherche ornementale, est très sobre. Le chevet comporte quatre chapelles rayonnantes. L'intérieur est remarquable par la belle ordonnance du transept et du chœur, les chapiteaux à feuillage et la statue romane de la Vierge en majesté au visage allongé, curieusement dissymétrique, et tenant sur ses genoux l'Enfant Jésus : une pièce d'une grande beauté, sans doute contemporaine de l'église, et qui a conservé son parement de vermeil. À longueur d'année, mais surtout le jeudi de l'Ascension, les pèlerins viennent, depuis des siècles, rendre hommage à la « bonne Dame d'Orcival », qui veille sur le vieux bourg aux toits de lauzes.

Proche de la Limagne, mais déjà dans les monts Dore, *Saint-Nectaire* — du nom du saint qui l'évangélisa au IIIe siècle — réunit deux agglomérations : le vieux village de Saint-Nectaire-le-Haut, juché sur le mont Cornadore, et Saint-Nectaire-le-Bas, où s'est développée, au bord du Courançon, la station thermale réputée pour le traitement des maladies du rein et de l'anémie.

Bâtie en trachyte gris clair du pays, l'église, magnifiquement située sur le piédestal naturel du mont Cornadore, domine un paysage grandiose de collines, de champs, de bois et de prairies qui s'étend jusqu'aux pentes des monts Dore. Son clocher, détruit à la Révolution et intelligemment restauré en 1878, et les deux tours de la façade occidentale sont visibles de loin. Là encore, c'est le chevet, avec la belle ordonnance des masses successives de pierres (absidioles rayonnantes, abside, chœur, massif barlong soutenant le clocher trapu), qui retient l'attention. De toutes les grandes églises de Limagne, Saint-Nectaire est la seule dont le narthex voûté d'arêtes soit d'origine. Les chapiteaux du chœur sont remarquablement ouvragés. Le trésor, pillé à la Révolution, abrite encore des œuvres de valeur : un superbe buste de saint Baudime, compagnon de saint Nectaire, dont le visage de cuivre doré, avec ses yeux immenses au regard glacé, son long nez busqué, son menton lourd orné d'une barbe fine taillée à coups de poinçon, possède une extraordinaire puissance

Vallon-en-Sully, Villefranche d'Allier, Hérisson, Buxières-les-Mines, Ygrande, Bourbon-l'Archambault, Autry-Issards et Saint-Menoux, où l'ancienne abbatiale d'un couvent de bénédictines du XIIe siècle a conservé intact son chœur en berceau brisé, marqué par l'art bourguignon.

Enfin, clôturant cet inventaire, resplendit *Souvigny*, dans la vallée de la Queune. L'église Saint-Pierre, jadis église de l'un des plus importants prieurés du diocèse de Clermont, est de style en grande partie bourguignon. C'est un vaste vaisseau de 84 m de long sur 28 de large. Des XIe et XIIe siècles ont été conservées une grande partie du flanc nord et les trois chapelles rayonnantes du chevet. Le XVe siècle, gothique, a surélevé la

▲ *Prestigieux sanctuaire du Bourbonnais, l'église Saint-Pierre de Souvigny marie heureusement les styles roman et gothique.*

Bâtie en andésite grise, Notre-Dame d'Orcival, aux lignes sveltes et étirées, ▼ est une exceptionnelle réussite.

d'expression; des émaux limousins; une belle Vierge en majesté en bois polychrome, Notre-Dame du Mont-Cornadore.

Avec Saint-Nectaire, *Saint-Saturnin* est la plus petite des églises majeures de la Limagne. Elle s'élève dans la verdoyante vallée de la Veyre, tout près d'un château fort de belle allure qui appartint à l'illustre famille des La Tour d'Auvergne. Construite dans la première moitié du XIIe siècle, ayant échappé aux destructions de la Révolution, elle a conservé son charme et sa majesté. Et les vieilles maisons blotties à ses pieds parmi les arbres lui composent un ravissant écrin. Saint-Saturnin possède son clocher d'origine, chose rarissime dans les églises romanes d'Auvergne. Mais elle n'a ni narthex ni chapelles rayonnantes autour du déambulatoire, ce qui confère à son architecture intérieure une certaine austérité, accusée par l'absence de décoration des chapiteaux. Selon l'hypothèse avancée par le chanoine Craplet, Saint-Saturnin appartiendrait à la dernière période du roman auvergnat, à l'orée du style gothique, qu'elle préfigure.

Comparées à Saint-Austremoine d'*Issoire*, Saint-Saturnin et Saint-Nectaire paraissent de dimensions modestes. Ancienne église d'une abbaye bénédictine prospère, Saint-Austremoine est en effet la plus vaste des églises de la Limagne romane; elle a durement pâti des méfaits des guerres de Religion, de la tourmente révolutionnaire... et des restaurateurs du siècle dernier, qui ont reconstruit la façade et le clocher dans un style assez médiocre. On peut cependant rendre hommage à la rigueur géométrique, à la pureté des lignes du chevet et du transept, à l'harmonie de la courbe de l'hémicycle qui couronne la grande abside, aux remarquables sculptures qui décorent les chapiteaux du chœur. Sous le sanctuaire se trouve la plus grande et la plus puissante crypte auvergnate.

En haute Auvergne

À l'autre extrémité de l'ancien diocèse de Clermont, le Cantal est un pays de volcans endormis, de grands plateaux aux riches pâturages — les « planèzes » —, de vallées profondes qui étoilent l'immense massif. La vie ici était jadis rude, l'hiver isolait les habitants. Ce qui explique sans doute que la foi, très vite, se soit exprimée de façon plus simple dans ces petites églises de montagne, non dénuées de grâce. La nef est généralement unique, petite et basse; les bas-côtés ne possèdent pas de tribunes; il n'y a pas de déambulatoire entourant le chœur. Souvent, un clocher « à peigne », simple mur pignon percé de baies où les cloches sont suspendues à ciel ouvert, évoque les campaniles provençaux. On sent aussi l'influence du Midi dans les chevets à mur droit ou à pans multiples, comme à *Chalinargues*, à *Chastel-sur-Murat*, à *Molèdes*...

Églises d'Auvergne. 15

nef, réuni les deux clochers romans par un pignon, fait précéder le portail ouest d'un porche voûté d'arêtes. On admirera les chapiteaux romans à l'ornementation décorative ou historiée, les tombeaux de Louis II de Bourbon et d'Anne d'Auvergne, de Charles Iᵉʳ de Bourbon et d'Agnès de Bourgogne, qui datent du XVᵉ siècle, la salle capitulaire (fin du XIIᵉ s.), le cloître (une seule galerie remonte au XVᵉ s.) et le musée lapidaire qui abrite le calendrier de Souvigny, pilier octogonal du XIIᵉ siècle sculpté des mois et des signes du zodiaque. ■

Satellites d'Auvergne

Au-delà des édifices romans qui sont les plus représentatifs d'un art religieux à son apogée, il en est d'autres moins connus, et qui pourtant mériteraient de l'être. Ainsi, en basse Auvergne, l'église Saint-Pierre d'*Arlanc*, à chevet semi-circulaire, l'un des plus beaux sanctuaires du Livradois; l'église d'*Artonne*, près d'Aigueperse; l'église de Saint-Cerneuf de *Billom*, reconstruite à partir du XIIIᵉ siècle, mais dont la crypte romane a gardé tout son intérêt; l'église de *Chauriat*, remarquable par la marqueterie de pierres de couleur qui décore le fronton du transept. À *Manglieu*, dans la vallée de l'Ailloux, est une jolie abbatiale dont certaines parties sont fort anciennes (chœur du Xᵉ s.); à *Ris*, près de Vichy, une église à nef très étroite des Xᵉ-XIᵉ-XIIᵉ siècles.

Certains de ces sanctuaires s'apparentent aux églises majeures de la Limagne : les églises de *Volvic* et de *Maringues* (la nef est gothique,

▲ *Au nord de la Comté, l'église romane de Chauriat, remarquablement décorée de mosaïques polychromes.*

Juchée sur un piton de lave, la chapelle Saint-Michel-d'Aiguilhe; au second plan, la statue de Notre-Dame-de-France
▼ *et la cathédrale du Puy.*

Dans ces lieux propices à la retraite s'élevèrent de grands monastères, tels Saint-Géraud d'*Aurillac*, dont il ne subsiste que des vestiges, et Saint-Pierre de *Mauriac*, dont l'église Notre-Dame-des-Miracles a été restaurée au siècle dernier. C'est aujourd'hui le plus grand édifice roman de la haute Auvergne, une église assez austère avec les grosses tours carrées de sa façade, son portail monumental surmonté d'un remarquable tympan dont les sculptures, retraçant l'Ascension, ont souffert des guerres de Religion. À l'intérieur, une pièce rare : une grande cuve baptismale en trachyte d'époque romane, ornée de sculptures.

Dans la campagne avoisinant Mauriac, l'abbaye bénédictine de *Brageac*, située dans un cadre magnifique, sur un plateau dominant les gorges de l'Auze, mérite visite. Plus au nord, dans la vallée de la Sumène, la petite église d'*Ydes,* à nef unique, est surtout intéressante par les sculptures de son porche ouest. Mentionnons également les sanctuaires de *Lanobre*, qui possède de très beaux chapiteaux historiés, *Jaleyrac, Champagnac,* avec son chœur aux lignes très pures, les belles ruines de l'église d'un ancien prieuré de la Chaise-Dieu, perdu dans les bois près d'Antignac, *Anglards-de-Salers, Riom-ès-Montagnes.*

Tout près de Murat — dont les vieilles rues s'enroulent au pied de la butte basaltique de Bonnevie —, l'église de *Bredons*, juchée sur une colline dominant la vallée de l'Alagnon, est aussi attachante par la beauté de son décor majestueux de montagnes couronnées de forêts que par la noblesse de son architecture.

La cité de la Vierge

Et voici l'un des hauts lieux de l'Occident chrétien : *Le Puy,* sur la terre tourmentée du Velay. « Dans un immense et puissant cirque fait de ballons et de longues coulées en plateau, Le Puy pose ses rochers surprenants et sveltes, couronnés d'églises et pareils à de saugrenus bibelots japonais », écrivait Maurice Barrès. « Monts-joie » naturelles sur la route des pèlerinages, les énormes pitons volcaniques qui se dressent dans ce bassin verdoyant en contrebas des plateaux vellaves donnent au site un caractère unique en France.

Gigantesque pain de sucre de 85 m, le rocher Saint-Michel s'élève au nord, à l'écart de la cité. L'église Saint-Michel-d'Aiguilhe, qu'il porte soudée à son faîte, laisse apparaître dans son architecture l'influence de l'Orient. L'oratoire primitif, de plan carré, est surmonté d'une coupole; les murs sont ornés de peintures d'inspiration byzantine (Xᵉ s.). Au XIᵉ siècle, cette chapelle fut englobée par un sanctuaire qui suit le contour du rocher et dont la façade porte une riche iconographie. Le clocher, à cinq étages, est indépendant de l'église. Le chemin de ronde qui entoure celle-ci offre une vue superbe sur la vallée de la Borne et le volcan de la Denise.

Plus imposant encore, le rocher Corneille domine la ville de quelque 130 m, couronné par une colossale statue de la Vierge qui date de 1860. Au pied du rocher Corneille, Le Puy étage en arc de cercle ses

le chœur roman). D'autres se rattachent aux styles limousin, bourbonnais, forézien : le prieuré de *Saint-Hilaire-la-Croix* ou la grande église collégiale d'*Herment*. L'amateur de sculpture romane verra l'église Saint-André de *Besse-en-Chandesse*, l'église de *Glaine-Montaigut* (dans les environs de Billom), celle, limagnaise, de *Thuret*, ou celle de *Saint-Dier-d'Auvergne*.

En haute Auvergne, il faudrait faire le détour par l'église Sainte-Croix de *Saignes* (près de Mauriac) ou par l'église du prieuré de *Montsalvy* (XIᵉ s.), seul édifice roman de la Châtaigneraie. On ira aussi à *Saint-Martin-Cantalès*, dont l'église n'a que 18,90 m de long, à *Jou-sous-Monjou*, église de montagne plus petite encore (18,38 m), ou à *Moussajes* pour admirer la Vierge romane de Claviers, la plus belle de la haute Auvergne. À *Roffiac* et à *Andelat*, toute l'attention se portera sur le chevet, en hémicycle à l'intérieur, avec des chapelles niches, et polygonal à l'extérieur. ■

Une forteresse gothique

L'abbaye de *La Chaise-Dieu* est, avec Notre-Dame du Puy, le plus célèbre édifice religieux d'Auvergne. Chef-d'œuvre de l'art ogival, l'église abbatiale, bâtie en granite, se dresse sur le haut plateau du Livradois, à plus de 1 000 m d'altitude. Ici, le gothique ne lance pas vers le ciel ses fines flèches ciselées. La rude terre d'Auvergne et son dur climat ont incité l'architecte, le Languedocien Hugues Morel, à construire un

▲ *La fresque du XIIIᵉ siècle illustrant le supplice de sainte Catherine. (Le Puy, absidiole du croisillon nord.)*

maisons aux toits rouges. Veille sur elles la majestueuse silhouette de la cathédrale Notre-Dame. C'est là « un des plus beaux monuments du monde chrétien. Plus que tout autre, elle agit sur l'imagination par son mystère, par l'étrangeté de son décor à moitié arabe, par ses coupoles orientales. Elle semble avoir été apportée d'un pays lointain dans ces montagnes » écrit Émile Mâle. L'influence orientale est sensible en effet dans plusieurs parties de l'édifice. Elle peut s'expliquer par la présence dans la région d'une communauté mozarabe originaire d'Espagne. L'influence byzantine — coupoles octogonales de la nef, fresques — vient des croisés : Adhémard de Monteil, évêque du Puy, fut le chef spirituel de la première croisade. Enfin, pour certains historiens de l'art, la structure ancienne de l'édifice rappelle celle des grands sanctuaires de l'Égypte copte. Mais les nombreuses transformations opérées par les XVIIIᵉ et XIXᵉ siècles rendent aujourd'hui cette analogie moins apparente.

Dès la fin du Vᵉ siècle, une première église fut édifiée par l'architecte romain Scutaire lorsque Le Puy, déjà siège de l'évêché, devint capitale du Velay. Sur le même emplacement, une seconde basilique vit le jour à la fin du XIᵉ siècle. Mais, très vite, l'importance croissante du Puy au sein du monde chrétien, l'afflux de pèlerins qui y faisaient halte sur le chemin de Saint-Jacques-de-Compostelle imposèrent son agrandissement. L'espace réduit dont disposaient les constructeurs obligea à déborder hardiment la plate-forme rocheuse et à construire, au-dessus du vide et appuyées sur de puissants piliers, deux nouvelles travées de la nef, puis deux autres au cours du XIIᵉ siècle. Au XIXᵉ siècle, d'importants travaux de restauration transformèrent en partie les soubassements de l'édifice.

« On rentre dans la cathédrale par le nombril et l'on ressort par les deux oreilles », dit un vieux dicton. En effet, s'ouvrent, de part et d'autre du sanctuaire, au sud, le porche du For, gracieux et léger, voûté d'ogives, au nord, le porche Saint-Jean, plus sévère et qui était réservé à l'accueil des souverains et des princes. Un monumental escalier de 102 marches, prolongeant la rue des Tables, pénètre sous la grande façade, orientée à l'ouest. Il bifurque devant la Porte dorée, recouverte de cuivre ciselé, encadrée de deux colonnes de porphyre rouge et devant laquelle est placée la fameuse « pierre des fièvres ». Jadis, cet escalier débouchait dans le chœur, face au maître-autel, sur lequel se trouve la célèbre Vierge noire — du moins la copie fidèle de la statue offerte par Saint Louis au retour de la septième croisade et brûlée sous la Révolution.

Un admirable ensemble architectural

Avant de franchir le seuil, admirons cette haute façade aux sommets ajourés, ces cinq étages d'architecture polychrome où l'alternance des pierres claires et sombres dessine un gigantesque damier.

La forme générale de Notre-Dame du Puy est celle d'une croix latine avec une nef de six travées, flanquée de bas-côtés de même

Églises d'Auvergne. 17

édifice puissant, capable de lutter contre les éléments.

La création de ce sanctuaire remonte au XIe siècle. Le plateau du Livradois, alors couvert de sapins et de Landes, est un lieu désert, propice à la retraite, qui séduit Robert de Turlande, chanoine du chapitre de Brioude. À l'emplacement d'une vieille chapelle ruinée, il édifie un monastère, la *Casa Dei* — maison de Dieu —, qui, achevé en 1050, adopte la règle bénédictine. Très vite, sa renommée grandit et, à la mort du fondateur, canonisé par le pape Alexandre II, l'abbaye compte plus de 300 religieux avec, sous sa dépendance, une cinquantaine d'églises, de prieurés et de monastères. La « Chaise-Dieu », dirigée par des abbés, ne cesse de gagner en influence et devient un centre de pèlerinage. Une nouvelle église abbatiale est construite en 1095 et placée sous la dépendance de Saint-Pierre de Rome.

Mais des temps difficiles commencent au XIIIe siècle. L'Auvergne devient un champ clos où s'affrontent Capétiens et Plantagenêts, et le monastère est ravagé par les armées rivales.

Au XIVe siècle, nouvelle période de stabilité, qui voit la reconstruction totale de l'église par le pape Clément VI — un ancien moine de La Chaise-Dieu. Puis s'amorce le véritable déclin, avec les guerres de Religion, la mise en commende du monastère au XVIe siècle et sa suppression en 1790.

Aujourd'hui, l'église abbatiale Saint-Robert, flanquée de ses deux tours quadrangulaires, est toujours debout. Un escalier de 40 marches

▲ *Fragment de la* Danse macabre, *grande peinture à la détrempe de La Chaise-Dieu. (Bas-côté nord du chœur.)*

Au cœur de La Chaise-Dieu, donnant sur une place ornée d'une fontaine du XVIIe s.,
▼ *la façade ouest de l'abbatiale.*

hauteur et voûtes d'arêtes, un transept saillant portant à son extrémité deux absidioles jumelles. À la croisée du transept s'élève une tour octogonale, à deux étages de fenêtres, terminée par une coupole. Cette tour servait jadis de clocher; on l'appelait « clocher angélique » en raison des anges qui auraient, selon la légende, consacré l'édifice. Le second clocher, extérieur à l'église, dresse ses sept étages, qui s'affinent progressivement pour se terminer par une sorte de pyramide ajourée, surmontée d'un coq en bronze.

La décoration intérieure de la cathédrale est assez sobre : on n'a pas cherché ici à multiplier les œuvres d'art qui distraient l'attention. Tout devait concourir à l'élévation de l'esprit, à la sérénité de la prière. On peut pourtant admirer dans le transept nord, partie intacte du monument du XIe siècle, de belles fresques, dont la plus célèbre, représentant l'archange saint Michel, est de dimensions imposantes (5,55 m de haut).

La sacristie capitulaire abrite d'intéressantes pièces dont une Pietà peinte sur bois du XVe siècle, une Vierge à l'Enfant attribuée à Van Dyck, une très belle tête de Christ du XVe siècle en cuivre doré; mais la pièce la plus remarquable est sans conteste la Bible de Théodulfe, manuscrit de 347 feuillets de vélin blancs et pourpres, œuvre des moines bénédictins de Fleury-sur-Loire (VIIIe s.).

Ce qui fait l'originalité de l'église Notre-Dame, c'est qu'elle n'est pas un édifice isolé. Elle appartient à tout un ensemble de bâtiments qui sont venus s'ajouter au cours des siècles : cloître, chapelle des Morts, baptistère, salle capitulaire, prieuré, échoppes d'artisans s'ordonnent en un admirable ensemble architectural.

Avec ses arcades voûtées d'arêtes, reposant extérieurement sur des piles carrées flanquées de quatre minces colonnes, la marqueterie de ses pierres où alternent le blanc, le rouge et le noir, l'extraordinaire mouvement qui anime les frises des chapiteaux, les sculptures des corniches peuplées de monstres, d'anges et de fleurs, et où se lisent tous les épisodes de l'éternelle lutte du bien et du mal, ainsi que l'admirable travail de ferronnerie de ses grilles, le cloître qui s'ouvre au nord de l'église est l'un des plus beaux de l'Europe chrétienne et le joyau de cet ensemble.

Ce cloître est flanqué, à l'est, de la chapelle des Morts, ornée de la grande fresque du Crucifiement (XIIIe s.); à l'ouest, de la chapelle des Reliques. Celle-ci communique avec la cathédrale et occupe l'étage supérieur du vieux bâtiment dit « des mâchicoulis » qui reliait jadis la basilique à la tour Saint-Mayol, forteresse et prison détruite en 1845. Les travaux de restauration, conduits par Prosper Mérimée, ont permis de découvrir sous les couches de badigeon la célèbre fresque des « Arts libéraux » (XVe s.), dont la richesse de coloris, le mouvement des draperies, la science du portrait témoignent d'une influence italienne.

18. Églises d'Auvergne